Relações espirituais
&
Exclamações da alma a Deus

Dados Internacionais de Catalogação na Publicação (CIP)
(Câmara Brasileira do Livro, SP, Brasil)

Ávila, Teresa de, 1515-1582
Relações espirituais e exclamações da alma a Deus / Teresa de Ávila ; tradução das Carmelitas Descalças do Convento de Santa Teresa do Rio de Janeiro. – Petrópolis, RJ : Vozes, 2025. – (Série Clássicos da Espiritualidade)

Título original: Exclamaciones del alma a Dios e relaciones espirituales (cuentas de consciência).
ISBN 978-85-326-7274-2

1. Deus (Cristianismo) 2. Espiritualidade – Cristianismo 3. Teresa, de Ávila, Santa, 1515-1582 – Produção literária I. Título. II. Série.

25-285223 CDD-248

Índices para catálogo sistemático:
1. Espiritualidade : Doutrina espiritual : Cristianismo 248

Eliane de Freitas Leite – Bibliotecária – CRB-8/8415

Relações espirituais
&
Exclamações da alma a Deus

Santa Teresa de Jesus

Traduzido pelas
Carmelitas Descalças do Convento de
Santa Teresa do Rio de Janeiro

EDITORA
VOZES

Petrópolis

Tradução dos originais em espanhol intitulados *Exclamaciones del alma a Dios* e *Relaciones espirituales (Cuentas de consciência).*

Obra de Santa Teresa de Jesus, traduzida pelas Carmelitas Descalças do Convento de Santa Teresa do Rio de Janeiro, Tomo V.

Tradução do texto original a edição crítica do R.P. Frei Silvério de Santa Teresa, Carmelita Descalço.

Rua Frei Luís, 100
25689-900 Petrópolis, RJ
www.vozes.com.br
Brasil

Editoração: Alessandra Karl
Diagramação: Victor Mauricio Bello
Revisão gráfica: Alessandra Karl
Capa: Editora Vozes
Ilustração de capa: Lúcio Américo

ISBN 978-85-326-7274-2

Este livro foi composto e impresso pela Editora Vozes Ltda.

Sumário

Relações espirituais dirigidas por Santa Teresa de Jesus a seus confessores

Relação I[1]

No mosteiro da Encarnação, de Ávila.
Jesus

Meu modo de proceder na oração é, atualmente, o seguinte. Estando nela, raras vezes posso discorrer com o entendimento, porque logo começa a recolher-se a alma e a quedar-se em quietação e arroubamento, de tal maneira que nenhum uso posso fazer das potências e dos sentidos. Apenas ouço, mas sem entender o que se diz; para mais nada tenho ação.

Muito frequentemente, estando sem querer pensar em coisas de Deus, e até mesmo entregue a outras ocupações, parece-me que, pela extrema secura espiritual agravada por dores corporais, não seria capaz de fazer oração, ainda com muito esforço. E eis que sou tomada tão de súbito por esse recolhimento e elevação de espírito, que não há resistir; e num instante sinto em mim os efeitos e lucros que essas graças costumam deixar na alma. Tudo

1. Dirigida ao Padre Pedro Ibáñez, Dominicano, no ano de 1560.

isso sem haver tido visão, sem ter ouvido palavra alguma, sem mesmo saber onde estou. Parecendo-me perder-se a alma, vejo-a com tantas riquezas, que num ano inteiro não as poderia eu ganhar por minhas forças, tal o aproveitamento que me fica.

Outras vezes dão-me uns ímpetos muito grandes e irresistíveis, e sinto que me vou desfazendo por Deus. Dir-se-ia se me vai acabar a vida; e dou gritos e chamo por Deus com extrema veemência. Por vezes nem posso estar assentada, tão violentas são as vascas mortais que me acometem. E vem-me esta pena sem ser buscada. É de tanto valor que a alma quisera jamais dela sair enquanto vivesse. São ânsias de quem quer deixar esta vida, e se vê obrigado a viver, sem remédio, pois o meio para ver a Deus é a morte, e esta não pode tomar por suas próprias mãos. E assim se afigura à minha alma viverem todos consoladíssimos, e ela em penas; e que, achando todos os outros remédios a seus trabalhos, só ela não o encontra. É grandíssimo tormento. Pareceria impossível ter fim aquele penar, se o não remediasse o Senhor com algum arroubamento no qual tudo se aplaca; e fica a alma em suma quietação e fartura – ora vendo em parte o que deseja, ora entendendo coisas maravilhosas.

Vêm-me, também, com frequência, umas ânsias de servir a Deus, tão veementes e impetuosas que não as sei encarecer, acompanhadas de grande mágoa por ver que para quase nada sirvo. Afigura-se-me então que nenhum trabalho ou empreendimento se apresentaria que eu não o afrontasse com facilidade, ainda mesmo a morte e o martírio. Também me vem isso de repente, sem consideração prévia; e fico toda abalada, sem saber de onde me chega tanta intrepidez. Quisera bradar a todos e dar-lhes a entender quanto importa não se contentarem com pequenas coisas no serviço de Deus, e quantos bens nos concederá o Senhor se nos dispusermos a recebê-los. Posso afirmar: são tão violentos esses desejos que interiormente me consumo, vendo como é querer o impossível. Tenho a impressão de estar atada, pelo corpo e pela profissão religiosa, e incapaz de prestar a Deus o menor serviço, porque, a não ser assim, faria coisas muito assinaladas, na medida de minhas forças; e ao verme sem nenhum poder para trabalhar por Deus, sinto dor inexprimível, que não posso encarecer. Por fim, tudo resulta em regalo e recolhimento e divina consolação.

Tem-me acontecido, quando sou assaltada por essas ânsias de servir ao Senhor, querer fazer penitência, mas é em vão. Seria grande alívio para mim, pois as que pratico, embora insignificantes em razão da fraqueza de meu corpo, sempre me consolam e me alegram; e, se estivesse em minhas mãos, cometeria excessos, levada por esses desejos que tenho.

Algumas vezes me causa grande sofrimento o haver de tratar com alguém; chego a afligir-me a ponto de derramar lágrimas. Todo o meu anseio é por estar só; e ainda que nem sempre esteja rezando ou lendo, consola-me a solidão. O trato com as criaturas, especialmente parentes e consanguíneos, se me torna pesado; sinto-me como vendida, exceto quando falo de coisas de oração e de alma, porque então me consolo e me alegro. Ainda neste caso, por vezes me sinto farta de tudo; quisera a ninguém ver, e ir-me para onde vivesse sozinha. Isso, porém, é raro; especialmente aqueles com os quais trato de minha consciência, sempre me consolam.

Outras vezes me dá grande pesar ao ver-me forçada a comer e a dormir, – e eu, mais do que os outros, não o posso dispensar. Sujeito-me à necessidade como a serviço prestado a Deus, e assim lho ofereço em sacrifício. Todo tempo me parece breve e insuficiente para a oração, porque jamais me cansaria de estar só. Vivo a desejar tempo para ler, porque fui sempre muito afeiçoada à leitura. Leio muito pouco, pois, em tomando o livro, se encontro coisa que me agrade, logo me recolho, e afinal vai tudo parar em oração. Ainda isso não é muito, por serem numerosas as minhas ocupações; mas, embora sejam boas, não me dão o mesmo contentamento. E assim ando sempre a desejar tempo, e em nada, a meu parecer, acho gosto, por ver que não consigo o que tanto almejo e quero.

Todos esses desejos de virtude, e outros mais, tem me dado Nosso Senhor depois que me concedeu esta oração quieta acompanhada destes arroubamentos; e acho-me tão melhorada que me parece ter sido minha alma, pelo passado, a mesma perdição. Deixam-me os arroubos e visões os frutos que vou dizer; e posso afirmar que se algum bem há em mim, destas graças me tem vindo. Sinto firmíssima determinação de não ofender a Deus nem pelo pecado venial; antes quisera morrer mil vezes do que fazer um só, com pleno consentimento. Estou igualmente determinada a não deixar de acometer, por nenhum tesouro do mundo, qualquer obra que se me afigurar de maior perfeição e de mais serviço de Nosso Senhor – custe ela o que custar, – se aquele que tem o cuidado e a direção de minha alma me mandar empreendê-la. E se outro fosse meu modo de agir, não teria cara nem coragem para pedir graças a Deus, Nosso Senhor, nem para me entreter com Ele na oração. Apesar de tudo isso, ainda cometo não poucas faltas e imperfeições. Obedeço, embora não perfeitamente, a quem me confessa[2]; todavia, em entendendo que ele quer mesmo, ou me dá alguma ordem, creio que jamais a deixaria de cumprir, e se desobedecesse eu me teria em conta de muito enganada.

Desejo pobreza, mas ainda imperfeitamente. Mesmo se possuísse muitos tesouros, não consentiria em ter renda particular, nem dinheiro reservado para meus gastos, nem faria caso de nada, contentando-me com o necessário. Sinto, entretanto, que ainda tenho bastante falta desta virtude, porque, se para mim não desejo rendimento ou outra alguma coisa, por outro lado gostaria de ter para dar esmolas.

Quase todas as visões de que tenho sido favorecida me deixam com aproveitamento espiritual. Serão enganos do demônio? Neste ponto sujeito-me à decisão de meus confessores.

Quando vejo formosuras e riquezas, como são: água, campinas, flores, perfumes, músicas e outros objetos agradáveis, parece que nada disso quisera ver nem ouvir. É tanta a diferença entre as belezas da terra e as que tenho costume de contemplar, que nada mais me seduz. Tenho as coisas temporais em tão pouco apreço que, a não ser algum primeiro

2. Era então o Padre Baltasar Álvares, da Companhia de Jesus.

movimento, nenhuma atração mais produz sobre mim. Parece-me tudo um pouco de pó.

Quando falo ou trato, mesmo sobre assuntos de oração, com pessoas seculares – visto nem sempre me ser possível escusá-lo de todo – se me estendo além do necessário, embora seja por passatempo, preciso fazer-me violência para manter a conversação, porque me dá grande desgosto. Já os regozijos de que fui amiga outrora e as coisas do mundo, enfastiam-me e causam repugnância.

Estes desejos que agora tenho de amar e servir a Deus e de ir vê-lo no céu, não são alimentados por considerações, como antes, quando eu me sentia muito devota e derramava cópia de lágrimas. Acometem com uma inflamação e um desejo tão excessivos que torno a dizer: se Deus não o remediasse com algum arroubamento, no qual de certo modo se satisfaz a alma, seriam bastantes para bem depressa pôr termo à vida.

Quando vejo pessoas muito adiantadas, cheias desses mesmos desejos, desprendidas de tudo e animosas, cobro-lhes muito amor e quisera tratar com elas, pois sinto que me ajudam a progredir. Pelo contrário, as tímidas, que parecem andar regateando sacrifícios que muito razoavelmente se podem fazer, essas me afligem e me movem a clamar a Deus e aos Santos aguerridos nessas mesmas austeridades que tanto nos amedrontam hoje em dia. Não é que eu tenha alguma capacidade, mas estou convencida de que ajuda Deus a quem por Ele faz extremos, e jamais falta a quem só nele confia; e assim quisera eu achar quem me confirmasse nesta fé e me estimulasse a não ter cuidado com o de comer e o de vestir, entregando tudo a Deus.

Já se entende que esse deixar a Deus o cuidado de minha subsistência não é descuidar-me eu de cooperar de minha parte; refiro-me a qualquer solicitude exagerada que produza preocupação. E depois que me concedeu o Senhor esta liberdade, sinto-me muito bem com ela e procuro esquecer-me de mim o mais possível. Esta graça, segundo me parece, não haverá um ano que a recebi do Senhor.

Vanglória, que eu entenda, – Deus louvado! – não vejo em que a possa ter, porque evidentemente não tenho parte alguma nestes favores divinos, antes me dá o Senhor a entender minhas misérias, com tanta eficácia que, por muito que as pudesse eu esquadrinhar, não conseguiria perceber tantas verdades desoladoras como reconheço num relance.

De uns tempos para cá, ao falar destas mercês é como se as referisse de outra pessoa. Outrora costumava sentir extremamente que as soubessem de mim; agora não, pois reconheço que, em vez de ser melhor, sou, por isso mesmo, muito pior, visto tirar tão pouco fruto de tão grandes mercês. E asseguro: em todos os pontos, julgo não ter havido no mundo criatura pior do que eu. De muito mais valor considero as virtudes do próximo, pois limito-me a receber mercês; quanto aos outros, dar-lhes-á Deus por junto o que a mim determinou dar desde já. E deste modo, creio que por ser eu tão fraca e ruim, me vai o Senhor levando por este caminho, e suplico-lhe que haja por bem não me dar a recompensa nesta vida.

Quando estou em oração e, quase sempre, em me recolhendo um pouquinho, não me é possível, nem ainda me esforçando por fazê-lo, pedir descanso, nem o desejar de Deus. Lembro-me de que Ele jamais viveu sem trabalhos, e só estes peço, juntamente com a graça necessária para bem sofrê-los.

Todas as luzes deste gênero, e outras de perfeição muito alta, vejo que se me imprimem na oração. Fico assombrada ao ver tantas verdades, tão claras que me parecem desatino as coisas do mundo. Ao pensar nos mundanos e no meu modo de proceder antigamente, compreendo como é preciso ter cuidado. É desatino, por certo, entregar-se com demasia à dor, nas mortes e outros trabalhos temporais; ou ao amor dos parentes e amigos, e outros afetos semelhantes. Asseguro-vos que ando de sobreaviso, considerando quem eu era e o que costumava sentir.

Se vejo algumas pessoas fazerem atos que parecem claramente pecaminosos, não posso persuadir-me de que ofenderam a Deus; e se, de passagem, me vem por instantes este pensamento, nunca me determino a crê-lo, embora seja evidente. Tenho a impressão de que todos andam com o mesmo cuidado de servir a Deus, que experimento em mim. Grande mercê, nesta matéria, concedeu-me o Senhor, pois nunca reparo nem penso em coisa má do próximo, e, se alguma me vem à memória, sempre acho outra virtude na mesma pessoa. Com efeito, não me afligem essas faltas tanto como os pecados coletivos e as heresias; estes, sim, me fazem sofrer muitas vezes, quase sempre que neles penso; e considero estes males como os únicos trabalhos dignos de nossas lágrimas. Também sinto quando vejo voltarem atrás almas que se davam à oração; causa-me pesar, porém não muito, porque procuro não deter o pensamento. Em certas pequenas mortificações que me eram habituais, acho-me melhorada; porém não perfeita, pois nem sempre me vejo estar mortificada em tudo, ainda que algumas vezes sim.

Tudo isso que escrevi é o que ordinariamente se passa em minha alma, segundo posso entender. O pensamento trago muito de contínuo posto em Deus; quando o ocupo em coisas diversas dir-se-ia que, sem o procurar eu, como já disse, alguém secretamente o desperta. Isso não é sempre, é só quando trato de assuntos de importância, e – glória a Deus! – não ocorrem com frequência nem me absorvem de todo.

Vêm certos, dias, uns três, quatro ou cinco – e isso raramente, – em que tenho a impressão de ter perdido todos os bens, fervores e visões; até se me riscam da memória. Por mais que pense, não me lembro de ter havido em mim coisa boa. Tudo me parece sonho; ou, ao menos, de nada me posso recordar. Assaltam-me vários males temporais, todos juntos; o entendimento, perturbado; em nenhuma coisa de Deus consigo pensar; nem mesmo posso compreender debaixo de que lei estou vivendo. Se leio é um não entender; parece-me estar cheia de faltas, destituída de todo ânimo para a virtude. Chega a tanta miséria a grande coragem que me é habitual, que, julgo, não poderia resistir à menor tentação ou murmuração do mundo. Vem-me então à ideia de que para nada presto, e pergunto a mim mesma: Por que me meto a fazer mais do que o comum? Sinto desolação; imagino estar enganando aos que me têm em boa conta; quisera esconder-me onde ninguém me visse; mas, nessas crises, é mera pusilanimidade o meu desejo de solidão, não é virtude. Afigura-se a meu espírito que brigaria com todos os que me opusessem contradição. Sofro um verdadeiro combate; contudo faz-me Deus a graça de não o ofender mais do que de ordinário. E não lhe peço que aparte de mim esse tormento: se for de seu divino agrado deixar-me sempre assim, submeto-me de todo o coração; só lhe suplico me tenha de sua mão para que o não ofenda. No mais, já considero grandíssima mercê o não me ter sempre nesse estado.

Uma coisa me espanta: achando-me assim, em ouvindo uma só palavra das que costumo perceber, ou tendo uma visão, ou um pouco de recolhimento no espaço de uma Ave-Maria, ou chegando a comungar, logo se me aquietam o corpo e a alma, esclarece-se o entendimento, e voltam-me a fortaleza e os desejos que me são ordinários. E tenho experiência disso, porque me acontece muitas vezes. Há mais de meio ano, quando comungo sinto, palpavelmente, plena saúde corporal; e, não raro, produzem o mesmo efeito os arroubamentos, deixando-me grande melhoria que me dura 3h algumas vezes, e outras o dia inteiro. Não é imaginação minha, que o tenho verificado com muita atenção; e, assim, nenhuma enfermidade me amedronta quando o Senhor me dá esse recolhimento. E é também verdade que não se produz a mesma melhora na saúde quando tenho a oração comum que antes costumava ter.

Tudo isso que afirmei me leva a atribuir a Deus estas graças, pois sei quem fui e como estive em caminho de me perder dentro de pouco tempo; e com estas mercês eu mesma me espantava e não entendia de onde me vinham tantas virtudes. Nem me reconhecia mais, vendo bem que tudo eram dons gratuitos, e não fruto de meu trabalho. Com toda a verdade e clareza entendo, e sei que não me engano: foi meio não só para me trazer Deus a seu serviço, mas para arrancar-me ao inferno, como sabem meus confessores, aos quais fiz confissão geral de todos os meus pecados.

Quando vejo alguém que sabe algum bem de mim, quisera dar-lhe a entender minha vida passada, porque, a meu parecer, só interessa à minha honra que seja o Senhor louvado, e tudo o mais não levo em conta. Isso Ele bem sabe; e estou muito certa de que nem honra, nem vida, nem glória, nem vantagem alguma para o corpo ou para a alma pode haver que me sirva de embaraço ou me faça querer ou desejar proveito próprio meu. Só me interessa a sua glória. Não posso crer que o demônio tenha buscado tantos meios para enriquecer minha alma, com o fito de levá-la depois à perdição: tão néscio não é ele. Nem consigo persuadir-me de que, embora merecesse eu, por meus pecados, andar enganada, tenha Deus deixado de ouvir tantas orações de almas tão boas que, de dois anos para cá, pedem por mim, pois não faço outra coisa senão encomendar-me a todos, para que o Senhor me dê a conhecer se nisso é glorificado; ou, se o não é, me leve por outro caminho. Não creio permitiria Sua Divina Majestade irem sempre adiante estas coisas se não fossem suas.

Estes pensamentos, e outras razões que tenho ouvido de muitas pessoas santas, confortam-me quando me vejo acossada desses temores de não provirem de Deus estas graças, por ser eu tão ruim. Quando, porém, estou em oração e nos dias em que ando quieta e embebida em Deus, ainda que se juntassem quantos letrados e almas santas há no mundo e me submetessem a todas as torturas imagináveis, não conseguiriam persuadir-me de ser tudo obra do demônio, nem o poderia eu crer, por mais que procurasse. Em outros tempos quiseram obrigar-me a dar-lhes fé; eu temia ao ver quem assim falava, parecendo-me que a verdade devia estar com eles, e, sendo eu quem era, provavelmente andava iludida. Mas, à primeira palavra do Senhor, ou a qualquer recolhimento ou visão, desvaneciam-se todos esses ditos: não me era mais possível duvidar, e tinha fé de que tudo me vinha de Deus.

Não duvido, entretanto, de que, por vezes, se intrometa o demônio com algum engano seu. Isso é possível, como o tenho visto e afirmado; mas produz efeitos diferentes e, a meu ver, não conseguirá iludir a quem tiver experiência. Apesar de tudo isso, posso afirmar: embora crendo com toda a certeza estar sob a ação de Deus, por nada neste mundo seria capaz de fazer coisa que não parecesse de maior serviço de Nosso Senhor a quem está encarregado de minha alma. Nas falas interiores sempre tenho ouvido que lhe obedeça e nada lhe esconda, porque assim me convém. Muito de ordinário sou repreendida de minhas faltas, e isso de um modo que me chega às entranhas; recebo avisos quando há ou pode haver perigo nos negócios que trato; e tudo me causa grande proveito. Muitas vezes me trazem à memória os pecados passados, despertando em mim grande contrição.

Muito me estendi, mas, a respeito dos bens com que me vejo ao sair da oração, certamente ainda me parece ter dito pouco. Por outro lado, continuo com minhas imperfeições, sem préstimo e bem ruim. Pode também ser que me engane e não entenda estas graças; porém a diferença de vida em mim é notória e me faz pensar o que escrevi; quero dizer: parece-me ser verdade o que afirmo. São estas as maravilhas que sinto haver o Senhor operado em minha alma tão ruim e imperfeita. Tudo submeto ao juízo de Vossa Mercê, pois conhece todo o meu interior.

Relação II[3]

No palácio de Dona Luísa de la Cerda, ano de 1582.

Jesus

Há mais de um ano, creio, escrevi o que fica atrás. Em todo este tempo Deus me tem sustentado de sua mão, e não fiquei pior, antes vejo muita melhora nos pontos que vou dizer. Por tudo seja Ele louvado!

Continuam as visões e revelações, e são muito mais subidas. Ensinou-me o Senhor um modo de oração no qual me acho mais aproveitada, com muito maior desapego das coisas da vida e com mais ânimo e liberdade. Têm crescido os arroubamentos, sobrevindo-me às vezes com ímpeto, sem que eu pos-

3. Dirigida provavelmente ao Padre Ibáñez, ainda que a não deixaria de ver o Padre Garcia de Toledo, diz o R. Pe. Fr. Silvério de Santa Teresa.

sa resistir, ainda mesmo estando em companhia de outras pessoas; e são percebidos, pois é tal a força que não posso dissimular. Procuro dar a entender que é algum desmaio proveniente da minha doença de coração. Mesmo com o grande cuidado que tenho de opor resistência desde o princípio, algumas vezes não o consigo.

Acerca da pobreza, parece-me ter Deus usado de muita mercê. Nem o necessário gosto de possuir, a não ser por esmola; daí me vem desejo extremo de viver em casa onde o sustento só provenha da caridade pública. Vem-me ao pensamento que onde há certeza de não vir a faltar para o comer e o vestir, não se cumprem o voto e o conselho de Cristo com tanta perfeição como em mosteiros que não possuem rendas e estão sujeitos a experimentarem minguas. Parecem-me numerosos os bens que se ganham com a verdadeira pobreza, e não quisera eu perdê-los. Acho-me geralmente com grande fé de que não é possível faltar Deus a quem o serve, pois – é fora de dúvida – nem agora nem em tempo algum se deixarão de cumprir as suas palavras. Não posso pensar de modo contrário nem ter receios, e eis por que muito sinto quando me aconselham a ter rendimentos. Meu recurso então é apelar para Deus.

Parece-me ter muito mais compaixão dos pobres do que outrora. Experimento grande lástima e desejo de remediá-los: se me deixasse levar por minha vontade, dar-lhes-ia a roupa do corpo. Não sinto a mais leve repugnância, ainda quando trato com eles e os tenho de tocar com as próprias mãos; e vejo ser isso agora dom de Deus, pois não tinha essa piedade natural, conquanto, por amor a Sua Majestade, lhes tenha feito sempre esmola. Bem claramente me sinto melhor neste particular.

A respeito de murmurações contra mim, que são bastantes, e ditos em meu prejuízo, que não são poucos, também estou muito melhorada: fazem-me quase tanta impressão como a alguém que não tivesse discernimento. Algumas vezes, e até quase sempre, acho que têm razão os murmuradores. Chega a parecer-me que nada tenho para oferecer a Deus, – tão pouco o sinto; antes o considero benefício, pela experiência do grande lucro que daí resulta à minha alma. E deste modo nenhuma inimizade ou ressentimento me fica, desde que me chego à oração. No primeiro momento sinto ainda alguma contrariedade, conquanto não me inquiete nem me altere, como acontece a certas pessoas que me fazem dó. Chego até a rir-me sozinha, porque julgo de tão pouca importância os agravos desta vida que não vejo motivo para senti-los tanto. Tenho impressão de andar sonhando; e vejo que, ao despertarmos deste sonho, tudo será como se não fosse.

Dá-me Deus mais vivos desejos, mais necessidade de solidão; sinto muito maior desapego, como já disse; e isso por meio de visões em que me fez o Senhor entender o que é tudo, ainda mesmo quando é forçoso deixar amigos e amigas e pessoas da família. Isso, aliás, não é o que mais custa; antes me cansam muitíssimo os parentes. Em se tratando de servir um pouquinho melhor a Deus, aparto-me deles com inteiro contentamento e liberdade, e, deste modo, por todos os lados encontro paz.

Alguns avisos que tenho recebido na oração foram achados verdadeiros. Em suma, no tocante a receber de Deus mercês, acho-me muito mais adiantada; quanto a servi-lo eu, da minha parte, sinto-me bem pior, porque, forçada pelas circunstâncias[4], tenho vivido com mais regalo, o que, aliás, me aflige bastante, muitas vezes. A penitência é mínima; a honra que me fazem, muita, quase sempre bem contra a minha vontade. O certo é que me vejo com vida regalada, e não penitente. Deus, que tudo pode, acuda-me com o remédio!

---

4. Por ordem de seu Provincial, estava no palácio de Dona Luísa de la Cerda, onde passou seis meses.

Relação III

Em São José de Ávila, ano de 1563

Há nove meses, pouco mais ou menos, escrevi o que está aqui, com minha letra. De então para cá, não voltei atrás, no tocante às mercês que me tem feito o Senhor. Parece-me ter de novo recebido muito maior liberdade, tanto quanto posso entender. Até agora sentia necessidade de auxílios humanos, confiava ainda no apoio do mundo; agora compreendo que são como gravetos de rosmaninho: quem neles se firma não encontra segurança, pois, ao menor peso de contradição ou de comentários desfavoráveis, logo se quebram. Daí me vem a experiência de que o verdadeiro remédio para não cair é apegar-se à cruz e confiar naquele Senhor que nela quis ser cravado. Nele encontro o Amigo verdadeiro; e dá-me tal senhorio esta confiança, que – não me faltando Deus com o seu amparo – tenho a convicção de poder resistir ao mundo inteiro que contra mim se levantasse.

Costumava outrora ser muito amiga dos que me quisessem bem; mas, à luz desta verdade, já de nada faço questão; antes, em parte, sinto que tudo me cansa. Excetuo os que fazem bem à minha alma, ou aqueles a quem tenho esperança de fazer algum benefício espiritual, pois desejaria que me estimassem:

uns para me aturarem, outros para me darem crédito com mais afeto quando lhes falo da vaidade de todas as coisas passageiras.

Em grandíssimos trabalhos, e perseguições, e pareceres contrários a mim, em que vivo metida nestes últimos meses[5], tenho recebido de Deus grande ânimo, tanto maior quanto maiores são as contradições, sem me cansar de padecer. E não ficava mal com as pessoas que falavam contra mim, antes, segundo me parece, lhes cobrava novo amor. Não sei como o explicar: só mesmo dom de Deus.

Por natureza, costumo ser impetuosa em meus desejos quando quero alguma coisa. Agora me vêm esses mesmos desejos acompanhados de tanta quietação, que nem sei dizer se me alegro quando os vejo cumpridos. Efetivamente – tanto o pesar como o prazer – tudo, a não ser no tocante à oração, é revestido de tanta serenidade que pareço boba; e deste modo ando dias e dias.

Os ímpetos veementes de fazer penitência, que já tinha antes, assaltam-me por vezes; faço alguma, mas, pela intensidade do desejo, tão pouco a sinto, que chega a parecer-me particular regalo. É assim quase sempre. Aliás faço pouco, porque ando muito enferma.

---

5. Refere-se aos princípios da fundação do Convento de São José de Ávila, primeiro da Reforma.

O ver-me obrigada a tomar alimento, costuma causar-me grandíssima pena, e agora é excessiva, principalmente quando estou em oração. Bem grande deve ser, porque me faz chorar muito e, quase inconscientemente, soltar queixumes, o que é raro em mim. Não me recordo de ter dito palavras de aflição nos maiores trabalhos que tenho passado nesta vida, pois neste ponto não sou nada mulher, antes tenho coração duro.

Sinto ânsias imensas, mais do que antes, de que Deus tenha almas que o sirvam com universal desapego e em nada da terra se detenham, especialmente letrados; pois vejo como é tudo bagatela, e, sabendo das grandes necessidades da Igreja, aflijo-me em extremo e considero puerilidade o afligir-se por outro motivo. Não cesso de recomendar a Deus seus servos, porque vejo que maior bem faria uma pessoa totalmente perfeita, animada de verdadeiro fervor de amor de Deus, do que muitas tíbias.

Em matérias de fé acho-me com muito maior fortaleza, a meu ver. Parece-me a mim que eu sozinha enfrentaria todos os luteranos e os convenceria de que estão errados. Sinto em extremo a perdição de tantas almas. Em muitas pessoas nas quais vejo aproveitamento, conheço com evidência que foi Deus servido de as fazer progredir por meu meio; e constato como, por bondade deste Senhor, sempre vai crescendo minha alma em amá-lo cada dia mais.

Parece-me que, ainda com esforço, não poderia ter vanglória; nem vejo possibilidade de pensar que seja minha alguma destas virtudes, porque durante largos anos, e mesmo até pouco tempo, vivi sem nenhuma, e, da minha parte, não faço agora senão receber mercês, sem servir a Deus, como a criatura mais imprestável do mundo. E assim, considero algumas vezes que todos são de proveito, exceto eu, que para nada valho. Isso, por certo, não é humildade, é a verdade; e o reconhecer-me tão inútil enche-me frequentemente de temores, pelo receio de andar enganada. Deste modo vejo – e é fora de dúvida – que destes arroubamentos e visões, nos quais não tenho parte ativa, pois não contribuo para eles mais do que faria um pedaço de pau, procedem todos os bens referidos. Isso me infunde mais sossego e segurança. Ponho-me nos braços de Deus e confirmo-me nos meus desejos; e estes, tanto quanto posso entender, tenho certeza de que são: por Ele morrer e abrir mão de todo descanso. E venha o que vier!

Dias há em que me lembro um sem-número de vezes do que diz São Paulo[6], embora, decerto, assim não aconteça comigo. É que não me parece que vivo eu, nem falo, nem tenho querer: em mim está quem me governa e me dá força; e ando quase fora de mim mesma, e de grandíssimo penar se me torna a vida. E a maior coisa que ofereço a Deus, como custoso serviço, é o consentir em viver por seu amor, sendo-me tão penoso o estar dele apartada. Quisera todos os meus dias passar com grandes trabalhos e perseguições; já que não sou de proveito para nada, quisera empregar-me em sofrer; e quantos tormentos há no mundo, abraçaria a troco de um pouquinho mais de merecimento, ou, por melhor dizer, a troco de mais perfeitamente cumprir a divina vontade.

Nenhum acontecimento me foi predito na oração, até mesmo com dois anos de antecedência, que o não tenha visto realizado. É tanto o que vejo e entendo das grandezas de Deus e dos caminhos tomados pela sua providência, que raras vezes me ponho a pensar nisso sem que fique meu entendimento fora de si, como quem vê coisas que vão muito além de tudo quanto pode conceber. Então fico totalmente recolhida.

---

6. Refere-se a estas palavras do grande Apóstolo: "Vivo, mas já não sou eu, é Cristo quem vive em mim" (Gl 2,20).

Guarda-me tanto Deus de toda ofensa sua, que, é certo, por vezes me espanto, pois me parece ver o grande cuidado que Ele tem de minha alma; sendo que da minha parte quase nada fiz, pois antes de receber estas graças fui um pego de pecados e maldades, e não me sentia senhora de mim para deixar de cometê-los. E quisera eu que tudo fosse manifesto, para todos entenderem o grande poder de Deus. Seja Ele louvado para sempre, sem fim. Amém.

Jesus – Esta Relação que vai ao princípio, e não com minha letra, é a que dei a meu confessor[7]; e ele, sem tirar nem pôr, a copiou de próprio punho. Era muito espiritual e douto. Todas as coisas da minha alma lhe comuniquei; e ele as conferiu com outros letrados, entre os quais o Padre Mâncio[8]. Nada encontraram que não fosse muito conforme à Sagrada Escritura. Isso já me tem tranquilizado; contudo vejo que é preciso, enquanto Deus me levar por este caminho, não me fiar de mim em nada; e assim o tenho feito sempre, embora muito me custe[9]. Olhe Vossa Mercê que tudo isso lhe digo sob segredo de confissão; guarde-o, pois, torno a suplicar a Vossa Mercê.

7. O Padre Ibáñez.

8. Ambos eram dominicanos.

9. Custa-lhe o ser obrigada a contar as graças sobrenaturais que recebe.

Relação IV[10]

Em Sevilha, no ano de 1576.

Jesus

Esta monja tomou o hábito há quarenta anos, e desde o princípio começou a pensar nos mistérios da Paixão de Nosso Senhor e em seus próprios pecados. Jamais pôs o pensamento em graças sobrenaturais; limitava-se a considerar as criaturas e outros assuntos por onde compreendia quão depressa acaba tudo. Nestas considerações se empregava durante algum tempo, cada dia, sem lhe passar pelo pensamento o desejar mais, porque se tinha em tão má conta, que se reconhecia indigna até de pensar em Deus. Passou neste exercício, sofrendo grandes securas e ocupando-se também em ler bons livros, uns vinte e dois anos, dos quais cerca de dezoito haviam decorrido quando se começou a tratar de estabelecer o primeiro mosteiro de Descalças, que fundou em Ávila. Uns três anos antes, começou a parecer-lhe que lhe falavam interiormente algumas vezes, e pôs-se a ter algumas visões e revelações. Nunca viu coisa alguma; quero dizer, com os olhos corporais. Era uma representação a modo de relâmpago; mas ficava-lhe tão impressa,

10. É dirigida ao Padre Rodrigo Álvarez, da Companhia de Jesus.

e com tantos efeitos, como se a vira com os olhos do corpo, e ainda mais. Como era muitíssimo medrosa, a ponto de não ousar, algumas vezes, ficar sozinha, mesmo de dia, vendo que não podia, com todos os seus esforços, evitar aquelas coisas; andava aflitíssima com receio de ser enganada pelo demônio, e começou a tratar com pessoas espirituais da Companhia de Jesus. Foram eles, entre outros, o Padre Araoz, Comissário da Companhia, quando aconteceu passar por Ávila; o Padre Francisco, ex-duque de Gandia, com quem falou duas vezes; um Provincial da Companhia, residente agora em Roma por ser um dos quatro assistentes, chamado Gil González, e outro que atualmente exerce o mesmo cargo em Castela[11], embora este não tanto; Baltasar Álvares, atual reitor de Salamanca, seu confessor durante seis anos; o reitor de Cuenca, chamado Salazar, e o de Segóvia, por nome Santander; este último não tanto tempo; o reitor de Burgos, Padre Ripalda, que era muito contra ela antes de a conhecer; o Doutor Paulo Fernandes de Toledo, consultor da Inquisição; e outro, o Padre Ordóñez, que foi reitor em Ávila. Como residiu em vários lugares, procurava sempre consultar os padres que dentre eles eram mais estimados.

11. O Padre João Soares.

Tratou longamente com Frei Pedro de Alcântara, que foi quem muito fez por ela. Durante mais de seis anos, por esse tempo, sujeitaram-na a várias provas, que lhe custaram não poucas lágrimas e aflições; e quanto mais provas se faziam, maiores eram as graças, com frequentes suspensões, na oração e até mesmo fora dela. Muitas orações e missas ofereciam-se a Deus para que a levasse por outro caminho, porque era grandíssimo seu temor quando não estava em oração. Por outro lado, via-se claramente seu aproveitamento e melhora em todas as coisas que tocavam ao serviço de Deus; e, longe de ter vanglória ou soberba, antes se envergonhava de que o soubessem, e mais sentia contar as graças recebidas, do que se foram pecados, parecendo-lhe que se ririam dela e o tomariam como fantasias de mulheres.

Haverá cerca de treze anos, pouco mais ou menos, esteve ali o bispo de Salamanca[12], que era Inquisidor, creio, em Toledo, e o tinha sido aqui. Ela procurou, para maior segurança, falar-lhe, e deu-lhe conta de tudo. Respondeu ele que tais coisas não diziam respeito a seu ofício, porquanto tudo quanto ela via e ouvia, cada vez mais a confirmava na fé católica, na qual está e sempre esteve firme, com grandíssimos desejos da honra de Deus e do bem

12. Dom Francisco de Salazar.

das almas, pronta a deixar-se matar muitas vezes, a troco de salvar ainda uma só. Disse-lhe, por vê-la tão aflita, que escrevesse uma larga relação de tudo ao Mestre Ávila, ainda vivo nessa época, homem muito entendido em matéria de oração, e com o que ele respondesse, ficasse tranquila. Fê-lo assim, e ele lhe escreveu dando-lhe inteira segurança. Viram a sobredita relação vários letrados, meus confessores, e foi de sorte que todos a julgaram muito proveitosa por conter avisos sobre assuntos espirituais, e mandaram-lhe que a passasse a limpo, e fizesse para suas filhas, pois era priora, outro livrinho[13] onde lhes desse alguns conselhos. Apesar de tudo isso, não lhe faltavam temores, de tempos a tempos. Parecia-lhe que as pessoas espirituais também podiam estar enganadas como ela; o melhor seria tratar com grandes letrados, conquanto não muito dados à oração, pois só queria saber se era conforme à Sagrada Escritura tudo o que nela se passava. E algumas vezes se consolava ao pensar que, embora por seus pecados merecesse andar iludida, não permitiria Deus que se enganassem tantas pessoas virtuosas empenhadas em esclarecê-la e dar-lhe luz.

Com este intento, começou a tratar dessas graças com os padres de São Domingos, aos quais, antes

13. *O caminho da perfeição*.

de recebê-las, já se confessava muitas vezes. São estes os que tem consultado: Frei Vicente Barrón, consultor da Inquisição e grande letrado; confessou-a este, por ocasião da fundação de Toledo, durante ano e meio, e tranquilizou-a muito. Todos lhe diziam, aliás, que, guardando-se de ofender a Deus e reconhecendo sua própria ruindade, por que havia ela de temer? Com o Mestre Frei Domingos Báñez, atualmente consultor do Santo Ofício em Valladolid, confessou-se durante seis anos, e continua a consultá-lo por cartas quando se lhe oferece de novo alguma dificuldade. Consultou o Mestre Chaves; Frei Pedro Ibáñez, então leitor em Ávila e grandíssimo letrado; outro Dominicano chamado Frei Garcia de Toledo. Tratou ainda com o Padre Mestre Frei Bartolomeu de Medina, catedrático de Salamanca; pois, sabendo que ouvira falar destas graças e estava muito maldisposto contra ela, pareceu-lhe que ninguém melhor para lhe dizer se vivia enganada; e assim procurou confessar-se com ele, durante toda a sua estada naquela cidade, há pouco mais de dois anos. Deu-lhe extensa relação de tudo e procurou que visse o livro de sua vida, para melhor poder julgar. Ele a tranquilizou tanto como todos os outros, e ainda mais, ficou muito seu amigo. Confessou-se também algum tempo com o Padre Mestre Frei Filipe de Meneses, quando este foi fundar em

Valladolid, onde foi prior e reitor do Colégio de São Gregório. Tendo ele ouvido certas coisas a esse respeito, foi falar-lhe, em Ávila, com muita caridade, querendo verificar se estava enganada, e se havia, ou não, razão para tantas murmurações. Deu-se por muito satisfeito. Também tratou particularmente com um provincial de São Domingos, chamado Salinas, homem muito espiritual e grande servo de Deus; e com outro, por nome Frei Diogo de Yanguas, agora leitor em Segóvia, dotado de agudo engenho.

Falou ainda a alguns outros, durante os muitos anos que lhe duraram esses temores; e teve ocasião de fazê-lo por ter andado em tantas partes em consequência das fundações que fez. Sujeitaram-na a muitas provas, porque todos desejavam dar-lhe luz, e ficaram seguros a seu respeito e infundiram-lhe segurança. Sempre e para sempre esteve e está sujeita a tudo quanto professa a Santa Fé Católica; e pela dilatação da mesma é toda a sua oração e a das casas que tem fundado. Costumava dizer que, se alguma revelação a induzisse contra o que é de fé católica ou Lei de Deus, não teria necessidade de andar buscando provas, pois logo a teria por ilusão do demônio.

Jamais se determinou a fazer alguma coisa pelo que entendia na oração; antes se lhe mandavam o contrário seus confessores, logo obedecia; e sempre lhes dava parte de tudo. Conquanto lhe assegurassem que todos esses favores lhe vinham de Deus, jamais o acreditou tão determinadamente que fosse capaz de o jurar – embora, pelos efeitos e pelas grandes mercês recebidas, lhe parecesse em algumas coisas ser bom espírito. O que, acima de tudo, desejava era ter virtudes; e a mesma formação deu às suas monjas, dizendo-lhes sempre que a mais humilde e mortificada seria a mais espiritual.

O que escreveu sobre sua vida, entregou-o ao Padre Mestre Frei Domingos Báñez, atualmente em Valladolid; é com ele que mais tem tratado e ainda trata. Pensa que o terá apresentado ao Santo Ofício em Madrid. Em tudo está sujeita à correção da fé católica e da Igreja. Ninguém ainda a julgou culpada, pois se trata de coisas que não estão nas mãos do homem, e Nosso Senhor não pede o impossível.

Como deu conta de sua consciência a tantos, pelo grande temor em que vivia, divulgaram-se muito estes fatos, o que tem sido para ela grandíssimo tormento e cruz; e, segundo diz, não por humildade, senão por ter sempre aborrecido essas coisas quando as ouvia dizer de outras mulheres. Chegava ao extremo de não se sujeitar a quem via muito fácil em atribuir tudo a Deus; porque logo era assaltada do temor de serem ambos enganados pelo demônio.

De melhor vontade tratava de sua alma com quem via temeroso. Contudo sentia também pena quando alguns desprezavam totalmente aquelas mercês, embora assim fizessem para prová-la. É que algumas delas lhe pareciam ser muito de Deus, e não quisera que as condenassem tão abertamente, visto nada acharem em contrário; nem, tão pouco, atribuíssem tudo a Deus, pois – entendia ela muito bem – podia haver engano. Deste modo jamais se considerou segura de todo em matérias tão sujeitas a perigos. Procurava o mais possível não ofender a Deus em coisa alguma, e sempre obedecer; e com estas duas cautelas esperava livrar-se, ainda no caso de tudo lhe vir do demônio.

Desde que começou a receber mercês sobrenaturais, inclinou-se sempre seu espírito a buscar o mais perfeito; quase ordinariamente nutria veementes desejos de padecer; e nas perseguições, que não foram poucas, achava-se consolada e com particular amor a quem a perseguia. Tinha grandes desejos de pobreza e de solidão, com ânsias de sair deste desterro para ver a Deus. Por estes efeitos e outros semelhantes, começou a tranquilizar-se, parecendo-lhe que não devia ser mau espírito o que a deixava com tais virtudes. O mesmo lhe diziam os confessores; e isso lhe servia não para deixar de temer, mas para não andar tão atribulada. Jamais seu espírito a persuadia a encobrir alguma coisa, senão antes a sempre obedecer. Com os olhos do corpo nada via, como ficou dito; era tudo tão delicado e intelectual, que nos princípios ficava algumas vezes pensando se teria sido pura imaginação; mas de outras vezes toda dúvida era impossível. Jamais, também, percebeu sons com os ouvidos corporais, a não ser em duas ocasiões, e, ainda então, nada entendeu, nem ficou sabendo o que se dizia.

Não eram contínuas estas graças; vinham-lhe de quando em quando, em alguma necessidade, como lhe aconteceu certa vez em que tinha passado vários dias em tormentos interiores incomportáveis, com grande desassossego na alma por temor de andar iludida pelo demônio. Estas coisas se referem mais largamente na relação de sua vida; e também seus pecados, pois tanto eles como as mercês de Deus se tornaram públicos, porque, de tanto medo, nem se lembrava de sua reputação. E estando assim com essa aflição indizível, só de ouvir interiormente estas palavras: *"Sou eu; não tenhas medo"*, transformou-se-lhe a alma em tão quieta e animosa e confiante, que não podia compreender de onde lhe viera tão grande bem. Não tinha bastado o confessor, nem bastariam muitos letrados com longos raciocínios, para reduzi-la àquela paz e quietação em que só aquela palavra a tinha posto. E assim lhe sucedeu de outras vezes, em que logo, com alguma visão, ficava fortalecida. A não ser isso, não teria aguentado tão grandes trabalhos e contradições e enfermidades verdadeiramente sem conta, que tem passado e ainda passa, pois jamais lhe falta algum gênero de padecer. Há mais e menos; contudo o ordinário é viver sempre com dores e com outras muitas enfermidades, que se tornaram mais agudas depois que se fez monja.

Se algum serviço presta ao Senhor, logo o risca da memória, assim como também as mercês que dele recebe. Destas, na verdade, se lembra muitas vezes, porém não pode deter-se muito como na lembrança de seus pecados, os quais sempre a estão atormentando, à semelhança de um lodo malcheiroso. Ter cometido tantas faltas e servido a Deus tão pouco deve ser a causa de não sentir tentações de vanglória. Jamais recebeu seu espírito alguma graça que não fosse totalmente impregnada de limpeza e castidade; e sobretudo tinha grande temor de ofender a Deus Nosso Senhor e determinação de fazer em tudo sua vontade divina. Isso sempre lhe suplica; e, a seu parecer, está tão determinada a não se apartar do divino querer, que não duvidaria acometer qualquer empresa que seus guias espirituais – prelados e confessores – insinuassem-lhe como sendo de maior serviço de Deus; pois confia no Senhor, que ajuda a quem se determina a agir para sua honra e glória.

Não põe mais o pensamento em si nem em seu proveito; é como se nada para ela existisse a não ser a glória de Deus. Ao menos é o que pode entender de si; e da mesma opinião são seus confessores. Tudo quanto vai neste papel é a pura verdade. Vossa Mercê pode perguntá-lo a eles e a todas as pessoas que de perto a têm conhecido, de vinte anos a esta parte. Muito ordinariamente a move seu espírito a dar louvores a Deus; e quisera que o mundo todo se ocupasse no mesmo, ainda que lhe custasse, a ela, muitíssimos sofrimentos. Daqui lhe provém o desejo do bem das almas; pois, vendo como são mesquinhas as coisas exteriores deste mundo, e quão preciosas, acima de toda comparação, as interiores, chegou a ter em pouco tudo o que há na terra.

No gênero de visão sobre o qual me interrogou Vossa Mercê, nenhuma coisa se enxerga, nem interior nem exteriormente, porque não é imaginária; mas, sem nada ver, entende a alma quem é e de que lado está, mais claramente do que se o visse, embora não se lhe represente sob alguma forma particular. É como se uma pessoa sentisse que tem outra junto de si, mas por estar às escuras não a pudesse ver, embora tivesse certeza de sua presença. Contudo não é perfeita esta comparação; pois, ainda no escuro, poderia certificar-se do fato por vários modos: ou ouvindo ruído, ou tendo visto antes a pessoa, a qual já por certo conhecia, e assim entende que está ali. Em nosso caso, nada disso; sem palavra, nem exterior nem interior, compreende a alma clarissimamente quem é, e de que lado está e, às vezes, o que lhe quer significar. Por onde ou como o entende, não o sabe; mas tudo se passa deste modo. Enquanto dura não o pode ignorar; quando lho tiram, ainda que tudo faça para o imaginar como antes, é debalde, porque logo vê ser trabalho da imaginação e não presença, pois não está em suas mãos o evocá-lo. O mesmo se dá com todas as coisas sobrenaturais. É esta a razão de se ter em conta de nada a alma favorecida com tal mercê, porque vê ser dom gratuito e tem consciência de que ali não pode tirar nem pôr. Isso a faz ficar com muito mais humildade e amor para servir sempre a este Senhor tão poderoso, que pode fazer o que nem ainda logramos entender nesta vida, pois há mistérios impenetráveis, mesmo para os espíritos mais doutos. Bendito seja aquele de quem todos os dons procedem. Amém! para sempre! eternamente!

Relação V[14]

Em Sevilha, no ano de 1576.
Jesus

Como são difíceis de dizer, sobretudo de modo a torná-las compreensíveis, certas coisas que se passam brevissimamente no mais íntimo do espírito! Se a obediência não vier em meu auxílio, será milagre atinar eu, especialmente em matérias tão dificultosas. Mas se eu escrever desatinos pouco importa, pois tudo sujeitarei à correção de quem, outros maiores, terá observado em mim. Em tudo que vou dizer, suplico a Vossa Mercê: fique assentado que não é meu intento imaginar que acerto. Poderei não entender bem as coisas, mas posso certificar de que nada direi que não haja experimentado algumas e até muitas vezes. Se está certo ou errado, isso Vossa Mercê verá e me dará aviso.

Gostará Vossa Mercê, penso eu, que comece por tratar das graças sobrenaturais desde quando principiam; pois o que podemos adquirir da nossa parte com a ajuda do Senhor, como são: sentimentos, e ternura, e lágrimas, e meditações são coisas já sabidas.

14. Dirigida ao mesmo Padre Rodrigo Álvarez.

Falarei da primeira oração sobrenatural que senti. Dou este nome ao que a alma não pode alcançar por si mesma com sua indústria e diligência, por mais que o procure, embora esteja ao seu alcance o dispor-se, e isso deve ser até de grande proveito. É um recolhimento interior que sente a alma. Parece-lhe ter outros sentidos no seu íntimo, como o corpo os tem exteriores, e querer apartar-se, dentro de si, do mundo cá de fora; e assim algumas vezes tudo arrasta consigo: dá-lhe vontade de fechar os olhos e não ouvir, nem ver, nem entender senão aquilo em que então se ocupa, que é poder tratar a sós com Deus. Aqui não se perde nenhum sentido nem potência; tudo guarda sua integridade, mas para se empregar em Deus. Isso a quem Nosso Senhor o tiver dado, será fácil entender; a quem o não gozou será preciso pelo menos usar de muitas palavras e comparações.

Deste recolhimento provém algumas vezes uma quietação e paz muito regalada. Está a alma de um jeito que, a seu parecer, nada mais lhe falta; até o falar pesa, quero dizer: até o rezar e meditar. Não quisera fazer outra coisa senão amar. Isso lhe dura tempos e tempos.

Desta oração costuma proceder outra a que chamam sono das potências, as quais não estão absortas, nem tão suspensas que chegue a ser arroubamento. Ainda que não seja totalmente união, algumas vezes, e até muitas, entende a alma que só a vontade está unida a Deus; e isso o entende muito claramente, ao menos assim lhe parece. Está empregada toda em Deus, e vê que lhe falta atividade para se ocupar ou se deter em outra coisa; entretanto as outras duas potências estão livres para negócios e obras do serviço de Deus. Em suma, andam juntas Marta e Maria. Perguntei ao Padre Francisco[15] se seria engano meu, porque ficava boba de o constatar, e ele me disse que isso muitas vezes acontece.

Quando é união de todas as potências, o caso é outro. Não há poder agir, porque o entendimento está como espantado. A vontade ama, ainda mais do que entende, mas não entende se ama, nem sabe o que faz, de modo a poder transmiti-lo à memória; aliás não a tem, a meu parecer, nem pensamento, nem mesmo então se acha com os sentidos despertos. É como se os tivesse perdido, e é para mais se empregar no seu gozo, creio eu, que os perde por aquele breve espaço de tempo. Isso dura pouco. Nas riquezas que deixa na alma, de humildade e outras virtudes e desejos, bem se entende o grande bem que lhe veio daquela mercê; mas não se pode

15. São Francisco de Borja.

dizer o que é, pois, embora a alma o queira explicar, não sabe como o entende nem é capaz de o traduzir por palavras. A meu ver, quando verdadeira, é esta a maior mercê que Nosso Senhor outorga neste caminho espiritual; ao menos uma das maiores.

Arroubamento e suspensão, julgo ser uma só e mesma coisa; apenas costumo dizer suspensão, porque falar em arroubamento causa espanto; e, com verdade, a união de que falei atrás também se pode chamar suspensão. A diferença é que o arroubamento dura mais e tem maiores manifestações exteriores, porquanto se vai encurtando o fôlego, de modo a não ser possível falar nem abrir os olhos. Embora na união suceda o mesmo, aqui é com maior veemência, porque o calor natural se vai não sei para onde, e, quando é grande o arroubamento – pois em todos esses gêneros de oração há mais e menos, – quando é grande, como digo, ficam geladas as mãos, e algumas vezes hirtas como paus; o corpo, assim como é tomado, assim permanece, seja de pé ou de joelhos. É tanto o que se emprega a alma no gozo do que o Senhor lhe representa, que dir-se-ia se esquece de animar o corpo e o deixa desamparado. Se dura mais tempo, ficam doloridos os nervos.

Parece-me querer o Senhor aqui, mais do que na união, dar a entender à alma o que lhe permite gozar; e assim, muito ordinariamente, se lhe descobrem nessas ocasiões alguns segredos sobre Sua Majestade. Grandes são os efeitos que lhe ficam; e desde então se olvida de si para só querer que seja conhecido e louvado tão grande Deus e Senhor. Se é de origem divina esta mercê, não julgo possível ficar a alma sem verdadeiro conhecimento de que ali nada fez de sua parte. Como sente sua miséria e ingratidão por não ter servido quem, só por sua bondade, tão grande favor lhe concedeu! Sim, porque experimenta tão excessiva suavidade, que nenhum gozo da terra lhe é comparável; e se não lhe passasse da memória, sempre teria asco dos contentamentos desta vida; e de fato vem a ter em pouco apreço todas as coisas do mundo.

A diferença que existe entre arroubamento e arrebatamento é que no arroubamento vai a alma pouco a pouco morrendo aos objetos exteriores, e perdendo o uso dos sentidos e vivendo em Deus. O arrebatamento vem por uma só notícia que Sua Majestade dá no mais íntimo da alma – com tal velocidade que parece arrebatá-la à parte superior de si mesma, causando a impressão de que esta se lhe vai separar do corpo. Por certo lhe é preciso revestir-se de ânimo, aos princípios, para se entregar entre os braços do Senhor, deixando que a leve aonde quiser; porque até que Sua Majestade a ponha em paz aonde determinou levá-la, é mister, das primeiras vezes, estar bem resolvida a morrer por Ele, porque a pobre alma ainda não sabe o que quer dizer aquilo. E aonde a leva o Senhor? A entender coisas sublimes. Ficam as virtudes, a meu parecer, mais fortes; crescem os desejos, e mais se lhe dá a entender o poder deste grande Deus infinitamente digno de ser temido e amado, pois de tal modo, como Senhor que é dela, a arrebata, sem estar em suas mãos resistir-lhe. Daí lhe resulta o arrependimento de o haver ofendido, com espanto de sua ousadia em afrontar tão imensa Majestade; e grandíssimas ânsias de que todos o louvem e ninguém se atreva a ofendê-lo. É esta, penso, a origem desses seus desejos intensíssimos de que se salvem as almas, contribuindo com ela de algum modo para isso, a fim de que seja louvado este Senhor como merece.

O voo de espírito é "um não sei o quê" – pois não há nome que o defina, – que sobe do mais íntimo da alma. Só me vem à lembrança esta comparação que pus, como sabe Vossa Mercê, no livro onde estão largamente declaradas estas maneiras de oração e outras[16]; e é tal minha memória que logo esqueço. Parece-me que a alma e o espírito devem ser uma mesma coisa; contudo, assim como um grande fogo bem alimentado, de repente cresce e lança ao

16. *Vida*, cap. XVII.

alto uma labareda –, mas tanto é fogo o que está em baixo, como a chama que sobe, pois nem por causa de a ter lançado deixa de permanecer onde estava, – assim a alma, inflamada pela comunicação que tem com Deus, parece produzir de si uma coisa extremamente repentina e delicada, que sobe à parte superior e vai aonde o Senhor quer, de um modo que fica acima de toda explicação. Dir-se-ia um voo; não acho outra coisa a que o possa comparar. Só sei que se entende muito claramente, e não se lhe pode opor resistência.

Dir-se-ia que aquela avezinha do espírito se escapou da miséria desta carne e do cárcere deste corpo, e assim mais intensamente pode empregar-se no que lhe dá o Senhor. É coisa tão delicada e tão preciosa, segundo entende a alma, que não lhe parece haver ilusão possível; nem tão pouco em algumas destas graças, enquanto duram. Depois surgem os temores; em tudo julga achar razão de temer, por ser tão ruim quem as recebe, embora no íntimo lhe fique uma certeza e segurança que lhe permite viver; mas nem por isso deixa de empregar todas as diligências para não ser enganada.

Ímpeto chamo eu a um desejo que acomete a alma, algumas vezes não estando ela em oração, e é até o mais comum. Vem-lhe de súbito a lembrança de que está ausente de Deus, ou ouve alguma palavra que lho recorda. É tão poderosa esta memória e tem por vezes tanta força, que no mesmo instante a põe meio desatinada, – à semelhança de uma pessoa que, recebendo, quando menos pensa, uma notícia muito penosa e inesperada, ou experimentando grande sobressalto, parece ficar como fora de si, com o pensamento tolhido, e incapaz de uma ideia que a console. Assim acontece aqui; mas esse penar tem causa tão sublime, que se imprime na alma a convicção de que é bem empregado morrer por ela. Mas, por então, tudo o que entende lhe aumenta a dor; e parece permitir o Senhor que todo o seu ser só contribua para a atormentar. Nem se lembra de que é da vontade de Deus que viva; sente-se em tão grande soledade e universal desamparo, que é coisa totalmente indescritível. É que o mundo inteiro e tudo quanto nele há lhe servem de tormento; nenhum objeto criado lhe faz companhia; nem quer a alma senão a seu criador, e, como o vê-lo é impossível sem morrer, e ela não se há de matar, morre de ânsias por morrer, a tal ponto que verdadeiramente está em perigo de morte; vê-se como que dependurada entre o céu e a terra, e não sabe o que vai ser dela. E de vez em quando lhe ministra Deus uma notícia de si para que veja o que perde, e isto de modo estranho e indizível, porque nenhuma dor há na terra – ao menos de quantas tenho passado – que iguale esta mágoa. Basta durar meia hora para deixar tão desconjuntado o corpo e tão duros os braços, que ficam as mãos incapazes de escrever e com grandíssimas dores.

Nada disso sente, até que passa aquele ímpeto. Bastante tem que fazer e sentir no interior; nem sentiria, creio, graves tormentos; e está com todos os seus sentidos, e pode falar e mesmo olhar; andar não, porque a derriba o grande golpe do amor. Querer experimentá-lo quando Deus não o dá, é inútil, ainda que se morra para tê-lo. Deixa na alma grandíssimos efeitos e lucros. Uns letrados explicam isso de um modo; outros, de outro; ninguém o condena. Escreveu-me o Mestre Ávila[17] que é bom, e assim o dizem todos. Bem entende a alma ser mercê imensa do Senhor. Se se repetisse muito a miúdo, pouco duraria a vida.

No ímpeto ordinário, vem este desejo de servir a Deus repassado de extrema ternura e muitas lágrimas e ânsias por sair deste desterro, mas como a alma tem liberdade para considerar que é da vontade de Deus que viva, com isso se consola e oferece-lhe o sacrifício de viver, suplicando ao Se-

17. O Bem-aventurado João de Ávila, apóstolo da Andaluzia.

nhor que não seja senão para sua glória. Com isso vai aguentando a vida.

Outra maneira bem ordinária de oração é uma espécie de ferida que é para a alma como se lhe metessem uma seta pelo coração ou pelas entranhas. Assim causa uma dor intensa que a faz gemer, e tão saborosa que jamais se quisera ver sem ela. Essa dor não é nos sentidos, nem tão pouco é chaga material: é no mais íntimo, sem semelhança com as dores do corpo. Como não o posso dar a entender de outro modo, lanço mão destas comparações bem grosseiras para exprimir tão sublime graça; mas não o sei dizer melhor. Realmente não são coisas estas que se possam escrever nem relatar, porque a ninguém é dado entendê-lo senão a quem o experimentou. Refiro-me à intensidade desse padecer, porquanto as penas do espírito são diferentíssimas de todas as outras da terra. Por elas faço uma ideia de quanto penam as almas no inferno e no purgatório; muito melhor do que por meio da consideração dos males corporais.

De outras vezes parece esta ferida de amor sair do íntimo da alma. Grandes são os efeitos; e quando o Senhor não o dá, não há possibilidade de senti-lo, por mais que se procure; nem tão pouco se pode deixar de ter quando é servido de o dar. São como uns desejos de Deus tão vivos e sublimes que se não podem exprimir; e como a alma se vê atada, impedida de gozar de Deus como quisera, vem-lhe um aborrecimento extremo contra o corpo; considera-o como uma espessa parede a estorvá-la de fruir, sem embaraços materiais, do bem que então lhe parece gozar em si. E assim vê o grande mal que nos veio do pecado de Adão, pois por ele fomos privados desta liberdade.

Foi-me dada esta oração antes dos arroubamentos e ímpetos irresistíveis de que falei. Esqueci-me de dizer que aqueles grandes ímpetos quase sempre terminam num arroubamento e regalo altíssimo, em que o Senhor consola a alma e lhe comunica ânimo para viver por seu amor.

Tudo isso que relatei não pode ser efeito da fantasia, por algumas causas que seria longo referir. Se é bom ou não, o Senhor o sabe. Os efeitos que produz e os lucros que deixa na alma são evidentes, tanto quanto me é dado julgar.

Vejo claramente a distinção que existe entre as pessoas divinas, como via ontem a Vossa Mercê distinto do Padre Provincial, quando lhes falava; com a diferença de que nada enxergo, como já tenho dito a Vossa Mercê; mas é com uma certeza estranha, e, embora nada se aviste com os olhos, em faltando aquela presença, logo se vê que falta. Como isto é, não o sei; mas sei muito bem que não é imaginação, pois por mais que faça depois para torná-lo a representar, não o consigo, que já o tenho experimentado. O mesmo acontece em todas as graças referidas, segundo posso entender; pois, no espaço de tantos anos, tenho tido ocasião de verificá-lo, e bem o posso afirmar com esta segurança. Verdade é – e chamo para este ponto a atenção de Vossa Mercê – que a Pessoa que sempre me fala, bem posso afirmar qual é, a meu parecer; a respeito das outras duas[18], não o poderia asseverar do mesmo modo. Uma, sei, com certeza, que nunca me falou; qual o motivo, jamais o entendi, nem me ocupo em pedir além do que Deus quer, porque logo recearia dar ensejo ao demônio para me enganar. Pela mesma razão não o pedirei agora, pois logo me assaltaria o temor.

A primeira Pessoa, penso, falou-me alguma vez; mas, como agora não me recordo exatamente, nem me lembro o que era, não ousarei afirmá-lo. Tudo está escrito onde sabe Vossa Mercê, e muito mais extensamente do que vai aqui, conquanto não esteja eu certa se com as mesmas palavras. Ainda que estas Divinas Pessoas dão a conhecer, por

18. Refere-se às três Pessoas da Santíssima Trindade.

modo estranho, como são distintas uma da outra, entende a alma serem um só Deus. Não me recordo de me ter falado Nosso Senhor senão por sua santa Humanidade[19], e, repito, isso posso assegurar que não é imaginação da minha parte.

O que pergunta Vossa Mercê sobre a água, não o sei; nem tão pouco entendi onde está situado o paraíso terreal. Torno a dizer: o que o Senhor me dá, sem que me possa esquivar, entendo-o por que não está em minhas mãos evitá-lo; mas pedir eu a Sua Majestade que me revele algum mistério, nunca o fiz, porque logo me pareceria ser tudo imaginação e vir-me a enganar o demônio; e, glória a Deus! jamais fui curiosa em desejar saber segredos, nem me apetece o vir a conhecer coisas ocultas. Bastante trabalho me tem custado isso que, sem querer, como digo, tem vindo ao meu conhecimento, conquanto tenha sido meio tomado pelo Senhor, penso eu, para minha salvação, por me ver tão ruim: que os bons não precisam de tantas ajudas para servir a sua Majestade.

Vem-me à lembrança outra oração, anterior à primeira de que falei. É uma presença de Deus que de nenhum modo é visão; mas parece que, sempre e de cada vez – ao menos quando não há secura, –

19. Isto é, como Verbo Encarnado, Jesus Cristo.

em se pondo uma pessoa em oração para se encomendar a Sua Majestade, mesmo que seja rezando vocalmente, logo o acha. Praza ao Senhor não perca eu por minha culpa tantas mercês, e tenha misericórdia de mim.

Relação VI[20]

Em Palência, no ano de 1581.
Jesus

Oh! quem pudera dar bem a entender a Vossa Senhoria a quietação com que se acha a minha alma! É tanta a certeza de que há de gozar de Deus, que parece já gozar a alma com a sua posse, embora lhe falte ainda a fruição. É como se um homem houvesse recebido de outro, mediante escrituras muito firmes, uma grande renda, da qual só no fim de certo tempo há de gozar e colher os frutos; até então só lerá o direito de propriedade e a certeza de vir a desfrutá-la. Com o agradecimento que disso me fica, não quisera minha alma fruir já deste bem, porque sente não o haver merecido; preferiria servir a Deus no meio dos maiores sofrimentos; e algumas vezes chega a achar pouco o padecer até o fim do mundo para

---

20. É dirigida ao bispo de Osma, Dom Afonso Velásquez, que fora seu confessor em Toledo.

servir a quem lhe assegurou a posse de tão infinito bem. É que, na verdade, já em parte não está sujeita às misérias do mundo, como lhe acontecia antes; porque, embora sofra mais, é como se lhe tocassem apenas na roupa. Vê-se como num castelo, com pleno senhorio, e assim não perde a paz, conquanto esta segurança não lhe tire um temor extremo de ofender a Deus; procura apartar de si tudo o que lhe pode servir de impedimento no divino serviço, de modo que vive ainda com mais cuidado. Mas anda tão olvidada de seu proveito próprio, que lhe parece ter em parte perdido o ser, tão esquecida vive de si mesma. Em tudo isso só tem em mira a honra de Deus; só quer fazer sempre mais a sua vontade para que Ele seja glorificado.

Com tudo isso, no tocante ao corpo e à saúde parece ter mais cuidado, e menos mortificação no comer e nos exercícios de penitência; não que os desejos tenham diminuído, mas, tanto quanto se pode julgar, tudo com o fim do poder mais servir a Deus em outras coisas. Muitas vezes lhe oferece como grande sacrifício o ter de cuidar do corpo, pois lhe é bem penoso. De vez em quando experimenta alguma penitência; mas vê que a não pode fazer sem prejuízo da sua saúde, e lembra-se de que lho proíbem seus prelados. Neste ponto de submeter-se e de desejar ter saúde, deve também se intrometer bastante amor-próprio; mas julgo poder afirmar que me daria muito mais gosto a penitência, – como sempre me deu, no passado, quando eu podia fazer muita; porque ao menos me parecia oferecer ao Senhor alguma coisa, e dava bom exemplo, e vivia sem este tormento de não servir a Deus em nada. Examine Vossa Senhoria o que será melhor fazer a este respeito.

Cessaram as visões imaginárias; mas a alma parece andar sempre com esta visão intelectual das três Pessoas Divinas e da Humanidade de Cristo; o que, a meu ver, é graça muito mais subida. Agora julgo entender que eram de Deus as que tive antes, porque iam dispondo a alma para o estado em que se acha atualmente. Como a tão miserável e de pouca fortaleza, a foi o Senhor levando, segundo via ser conveniente; mas, a meu parecer, são muito de prezar essas mercês quando de Deus procedem.

As falas interiores não cessaram, e, quando é necessário, dá-me o Senhor alguns avisos. Sem isso, ainda há pouco, em Palência, teríamos feito uma boa tolice, conquanto sem pecado[21].

Os atos e desejos não parecem ter tanta força como antes, embora sejam grandes; mas é tão maior a sede de que se faça a vontade de Deus e

21. Cf. no *Livro das Fundações*, cap. XXIX, o que se refere à aquisição de umas casas anexas à ermida de Nossa Senhora da Rua.

tudo quanto contribua para maior glória do mesmo Senhor, que passam depressa esses desejos e atos interiores e são como destituídos de veemência, porque a alma está inteiramente apartada de interesse próprio e bem convencida de que Sua Majestade sabe o que mais convém para atingir esse fim. Daqui procede o medo que tenho algumas vezes – embora sem inquietação e pena como outrora – de nada fazer e de estar com a alma meio boba, porque penitência não aguento. Desejos de padecer e de ser mártir e de ver a Deus são sem força; e o mais ordinário para mim é nem os poder formular. Afigura-se-me estar vivendo só para comer e dormir e de nada ter pesar; e ainda isso não me aflige, a não ser uma vez por outra em que, torno a dizer, receio estar enganada. Contudo não o posso crer, porque tanto quanto me é dado averiguar, não reina em mim apego positivo a nenhuma criatura, nem mesmo a toda a glória do céu: só me ocupo em amar a este meu Deus. Nisso não sinto diminuição; antes, a meu parecer, vai sempre crescendo o seu amor, juntamente com o desejar que todos o sirvam.

Mas, sendo isso assim, uma coisa me espanta: aqueles sentimentos tão íntimos e excessivos que me costumavam atormentar ao ver a perda das almas e ao pensar que talvez eu mesma estivesse fazendo a

Deus alguma ofensa, também não os posso experimentar atualmente, conquanto, a meu parecer, não seja menor o meu desejo de que não seja ofendido o Senhor.

Há de advertir Vossa Senhoria que em tudo isso – no que tenho agora, ou tive no passado – não está em minhas mãos ter ou poder mais; servir melhor a Deus, isso sim, poderia se não fosse tão ruim. O que digo é: se, hoje em dia, com grande diligência procurasse desejar a morte, não o poderia; nem seria capaz de fazer os atos que me eram familiares em outros tempos. Não sinto as penas de outrora pelas ofensas de Deus, nem tão pouco os temores e angústias de tantos anos em que receava andar enganada; e, assim, já não preciso consultar letrados nem confiar a ninguém estas graças; apenas indago se estou procedendo bem e se posso fazer alguma coisa. Tenho falado deste meu estado atual com alguns letrados aos quais eu confiara todas as demais graças recebidas: com Frei Domingos e o Mestre Medina e alguns Padres da Companhia. Com o que Vossa Senhoria agora me disser, pelo grande crédito que dou às suas palavras, ficarei tranquila.

Examine-o bem, pelo amor de Deus. Não me foi, igualmente, tirado o entender de que estão no céu as almas dos que morrem, quando me tocam de perto; outras não.

A soledade que faz pensar não se pode dar aquele sentido ao que se alimenta dos peitos de minha mãe. A ida ao Egito[22].

A paz reina no interior; pouca força têm os contentamentos e descontentamentos para tirarem, de modo duradouro, esta presença tão indubitável das três Divinas Pessoas. Claramente nos parece experimentar o que diz São João: Deus faz sua morada na alma, e isso não só por graça, senão porque lhe apraz dar a sentir a sua presença, e traz consigo tantos bens, que se não podem referir. Um muito especial é que não há mais necessidade de andar buscando considerações para conhecer que Deus assiste em nós. Isso acontece quase ordinariamente, a não ser quando alguma doença grave acabrunha por extremo, pois neste caso parece Deus querer algumas vezes que se padeça sem consolo interior; porém nunca, nem por primeiro movimento, vacila a von-

22. Sobre este trecho completamente obscuro, escreve o R. Pe. Fr. Silvério de Santa Teresa: "Estas duas linhas envolvem pensamentos para nós incompreensíveis. Quiçá empregou a Santa esta linguagem emblemática para ocultá-los aos indiscretos. O Senhor Velásquez seguramente os entenderia muito bem".

tade de que em tudo se cumpra a seu respeito o que for do agrado do Senhor. É tão possante este seu rendimento à Vontade divina, que não quer mais a morte do que a vida; a não ser, de passagem, quando a acomete o desejo de ver a Deus; mas logo se lhe representa com tanta eficácia como tem em si presentes estas três Divinas Pessoas, que esta certeza lhe mitiga a mágoa da ausência, ficando-lhe o desejo de viver, se Deus tal determinar, para sempre mais servi-lo. Assim digo: pudesse eu contribuir para que sequer uma alma o amasse e louvasse melhor por minha intercessão, ainda mesmo por pouco tempo, mais me importaria isso, creio, do que estar na glória do céu.

Teresa de Jesus

Exclamações da alma a Deus[23]

I

[O anseio da alma pela união divina]

Ó vida, vida! como te podes sustentar, se estás ausente daquele que é tua vida? Em tanta soledade, em que te empregas? Que fazes, pois são imperfeitas e falhas todas as tuas obras? Que te consola, ó minha alma, neste mar tempestuoso? Tenho pena de mim, e ainda mais do tempo em que não vivi penando! Ó Senhor, quão suaves são vossos caminhos! Mas quem andará sem temor? Temo por viver sem vos servir, e, quando vou prestar-vos algum serviço, não acho coisa que me satisfaça para pagar algum pouquinho do que vos devo. Parece que me quisera empregar toda em trabalhos por vossa glória; e, quando bem considero minha miséria, vejo que nada de bom posso fazer se não me for dado por Vós.

Ó Deus meu e Misericórdia minha, que farei para não desfazer as grandezas que obrais em mim?

23. Estas exclamações foram escritas por Santa Teresa, depois da Santa Comunhão, em diferentes dias, quando não podia conter os arroubos de seu amor seráfico; datada de 1569.

Santas são vossas obras; justas, de inestimável valor e sumamente sábias, pois sois Vós, Senhor, a mesma sabedoria. Se em contemplá-las ocupo o entendimento, queixa-se a vontade, querendo que nada se lhe ponha de permeio e a estorve no exercício de vos amar; pois não pode o entendimento na contemplação de tão imensas grandezas alcançar quem é seu Deus, e ela o deseja gozar e não vê como, presa no tão penoso cárcere desta vida mortal. Tudo lhe parece estorvo; entretanto o que primeiro a despertou foi a consideração de vossas grandezas, a cuja vista mais avultam minhas baixezas inumeráveis.

Para que disse isso, Deus meu? A quem me queixo? Quem me ouve, senão Vós, Pai e Criador meu? E, para entenderdes Vós minhas penas, que necessidade tenho de falar, pois tão claramente vejo que estais dentro de mim? Este é meu desatino. Mas ai! Deus meu, como poderei saber com certeza que não estou apartada de Vós? Ó vida minha! será possível que hajas de viver com tão pouca segurança naquilo que mais te importa? Quem poderá desejar-te, pois o ganho que de ti se pode colher ou esperar, que é contentar a Deus em tudo, é tão incerto e cheio de perigos?

II

[O repouso da alma naquele que é seu descanso]

Muitas vezes, Senhor meu, considero que se, com algum lenitivo, se pode aguentar o viver sem Vós, é na solidão, porque aí descansa a alma naquele que é seu descanso. Como, porém, não goza com inteira liberdade, muitas vezes se lhe dobra o tormento; mas ainda este o tem por delícia em comparação do que sofre no tratar com as criaturas e deixar de empregar-se a sós em seu criador. Mas como é isso, meu Deus! que o repouso cansa a alma que só procura contentar-vos? Ó amor poderoso de Deus, quão diferentes são teus efeitos dos que se observam no amor do mundo! Este não quer companhia, pelo temor de lhe virem a tirar do que possui. O amor de meu Deus, quanto mais amadores entende que há, mais cresce, e assim os gozos se lhe minguam em ver que não gozam todos daquele tesouro. Ó bem meu! isso é causa de que nos maiores regalos e prazeres que se têm convosco, dê amargura a lembrança dos muitos que rejeitam estes contentamentos, e dos que para sempre os hão de perder! E assim procura a alma meios para buscar companhia, e de boa vontade deixa seu gozo, quando pensa contribuir para que outros o venham a gozar.

Mas, Pai celestial meu! não valeria mais deixar tais desejos para quando esteja a alma com menos regalos vossos, e agora empregar-se toda em gozar-vos? Ó Jesus meu! quão grande é vosso amor pelos filhos dos homens! O maior serviço que vos podemos prestar é deixar-vos a Vós por amor e proveito deles, e então sois possuído mais inteiramente; porque, embora a vontade não se satisfaça tanto em gozar, alegra-se a alma com o que vos dá contentamento; e vê que, enquanto vivemos nesta mortalidade, incertos são os gozos da terra, mesmo quando parecem dados por Vós, se não vão acompanhados do amor ao próximo. Quem não o amar, não vos ama, Senhor meu; pois com tanto sangue vemos provado o amor tão grande que tendes aos filhos de Adão.

III

[A misericórdia divina e a cegueira humana]

Considerando, Deus meu, a glória que tendes preparado para os que perseveram em fazer vossa vontade, e vendo com quantos trabalhos e dores a ganhou vosso Filho, e quão mal a tínhamos merecido, e quanto é justo não sermos ingratos à grandeza desse amor que tão custosamente nos ensinou a amar, –

grandemente se afligiu minha alma. Como é possível, Senhor, olvidarmos tudo isso? E quão olvidados de Vós estão os mortais quando vos ofendem! Ó Redentor meu! tão esquecidos estão, que se esquecem também de si! E tão grande é vossa bondade, que então vos recordais Vós dos homens, e, apesar de havermos caído no ato de vos ferirmos com golpe mortal, tudo esqueceis, e nos tornais a dar a mão, despertando-nos de frenesi tão incurável, para que vos busquemos e vos peçamos a salvação! Bendito seja tal Senhor! bendita sua tão grande misericórdia! e louvado seja Ele para sempre por tanta clemência e piedade!

Ó minha alma, bendize para sempre a tão grande Deus! Como há quem se possa voltar contra Ele? Mas ai! aos desagradecidos a própria grandeza da mercê converte-se em perdição! Remediai-o Vós, meu Deus! "Ó filhos dos homens, até quando sereis duros de coração" (Sl 5,3) e empedernidos, insurgindo-vos contra este mansíssimo Jesus? Que é isso? Prevalecerá porventura contra Ele nossa maldade? "Não, que a vida do homem acaba como a flor do feno" (Sl 102,15), e há de vir o Filho da Virgem a pronunciar aquela terrível sentença. Ó poderoso Deus meu! Pois – ainda que não queiramos – havei-nos de julgar, por que não nos detemos a considerar quanto nos importa o ter-vos propício para aquela hora? Mas quem, quem não há de querer juiz tão justo? Bem-aventurados os que naquele temeroso transe se alegrarem convosco, ó Deus e Senhor meu! Que remédio haverá, Senhor, para quem, levantado por Vós, veio a conhecer quão miseravelmente se perdeu a troco de um brevíssimo prazer, e está determinado a contentar-vos sempre, ajudado com o vosso favor, – porquanto não faltais, meu bem de minha alma, aos que vos querem, nem deixais de responder a quem vos chama? Como poderá viver depois, a não ser morrendo sempre, com a lembrança de haver perdido tão grande tesouro como possuiria se houvesse permanecido na inocência recebida no batismo? A melhor vida que pode ter é morrer continuamente com esta dor. Mas, a alma que ternamente vos ama, como o poderá sofrer?

Mas que pergunta desatinada, Senhor meu! Pareço olvidar vossas grandezas e misericórdias, e vossa vinda a este mundo por amor dos pecadores, e o grande preço pelo qual nos comprastes, pagando nossos falsos prazeres com sofrer tão cruéis açoites e tormentos. Remediastes minha cegueira, permitindo que tapassem vossos divinos olhos; e minha vaidade, com tão cruel coroa de espinhos. Ó Senhor! Senhor! tudo isso mais faz sofrer a quem vos ama. Só consola o pensamento de que para sempre será louvada a vossa misericórdia quando se publicar a minha maldade. E, contudo, não sei se terá fim esta mágoa até que, vendo-vos a Vós, acabem todas as misérias desta mortalidade.

IV

[A misericórdia divina e o poder de Deus para restaurar o tempo perdido pela alma que busca servi-lo]

Parece, Senhor meu, que descansa minha alma ao considerar o gozo que terá, se, por vossa misericórdia, lhe for concedido fruir de Vós. Mas quisera primeiro servir-vos, pois há de gozar do que Vós, servindo por amor dela[24], lhe ganhastes. Que farei, Senhor meu? Que farei, meu Deus? Oh! quão tarde se inflamaram meus desejos! e quão cedo me andáveis, Senhor, a solicitar e chamar para que eu toda me empregasse em Vós! Porventura, Senhor, desamparastes algum dia ao miserável, ou apartastes o pobre mendigo, quando se quer chegar a Vós? Porventura, Senhor, têm termo vossas grandezas ou vossas magníficas obras? Ó Deus meu e misericórdia minha! E como as podereis mostrar agora em

24. Parece aludir ao episódio de Jacó e Raquel, tão lindamente cantado por Camões no seu célebre soneto: Sete anos de pastor, Jacob servia etc.

vossa serva! Poderoso sois, grande Deus. Agora se poderá entender se tem razão minha alma quando, ao considerar o tempo que perdeu, crê, Senhor, que em um instante podeis Vós fazer que o torne a ganhar. Parece desatino, pois se costuma dizer que o tempo perdido não se pode recuperar! Bendito seja meu Deus!

Ó Senhor, confesso vosso grande poder. Se sois poderoso, como o sois, haverá impossíveis àquele que tudo pode? Dignai-vos Vós querê-lo, Senhor meu; dignai-vos querê-lo, pois, embora miserável como sou, firmemente creio que podeis tudo quanto quereis; e quanto maiores maravilhas ouço de Vós e considero que as podeis fazer ainda maiores, mais se fortalece minha fé, e com maior determinação creio de Vós que o fareis. E será de maravilhar que obre portentos o Todo-Poderoso? Bem sabeis Vós, meu Deus, que, ainda no meio de todas as minhas misérias, nunca deixei de conhecer vosso grande poder e misericórdia. Valha-me, Senhor, ao menos este ponto em que vos não ofendi! Recuperai, Deus meu, para mim o tempo perdido, dando-me graça no presente e no porvir, para que "apareça diante de Vós com vestes de bodas" (Mt 22,11-12), pois se quiserdes será possível.

V

[A confiança na misericórdia divina e o clamor da alma necessitada]

Ó Senhor meu! como vos ousa pedir mercês quem tão mal vos serviu e não soube guardar o que lhe tendes dado? Que confiança se pode ter em quem muitas vezes foi traidor? Pois que farei eu, ó consolo dos desconsolados e saúde dos que em Vós querem buscar remédio? Será melhor, porventura, calar minhas necessidades esperando que as remedieis? Não, por certo! que Vós, Senhor meu e deleite meu, sabendo quão numerosas haviam de ser nossas indigências e como acharíamos alívio em contá-las a Vós, dizeis que vos peçamos e não deixareis de dar (Jo 16,24).

Lembro-me de algumas vezes da queixa daquela santa mulher, Marta (Lc 10,40). Não se queixava só de sua irmã; antes, tenho por certo, seu maior sentimento era por julgar que não tínheis pena, Senhor, de seu trabalho, nem se vos dava nada de a terdes junto de Vós. Pareceu-lhe talvez que não lhe tínheis tanto amor como à sua irmã, e isso lhe devia causar mágoa maior do que o servir a quem tinha tão grande amor, pois este faz ter por descanso o trabalho. Dá mostras disso em não se dirigir à sua irmã, antes com toda a sua queixa se foi a Vós, Senhor, dando-lhe o amor ousadia para perguntar-vos: Como não tínheis cuidado dela? E ainda parece uma prova de vir e proceder sua querela da razão sobredita, a vossa resposta: só o amor dá valia a todas as coisas, e deve ser tão grande que nenhuma o estorve em seu exercício: eis o único necessário. Mas como poderá estar o nosso amor à altura do que de nós merece o amado, se Vós mesmo não o juntardes, Deus meu, a esse que nos tendes? Queixar-me-ei, a exemplo desta santa mulher? Oh! por certo nenhuma razão tenho de queixa, porque sempre recebi de meu Deus maiores e mais altas mostras de amor do que soube pedir ou desejar. A não ser que murmure do excesso de vossa benignidade, não vejo outro motivo. E que poderá pedir uma criatura tão miserável como eu? Suplicarei com Santo Agostinho:[25] Dai-me, Deus meu, para que eu vos possa dar e pagar alguma parte mínima do muito que vos devo. Recordai-vos de que sou obra de vossas mãos, e fazei-me conhecer quem é meu criador, para que o ame.

---

25. *Confissões*, livro XI, 2.

VI

[Clamor da alma pela presença divina e redenção]

Ó deleite meu, Senhor de todo o criado e Deus meu! Até quando esperarei por vossa vista e presença? Que remédio dais a quem o não encontra na terra nem pode ter descanso algum fora de Vós? Ó vida larga! ó vida penosa! ó vida em que não se vive! oh! que deserta solidão! que falta de todo remédio! Mas, quando, Senhor, quando? Até quando? E que farei, bem meu, que farei? Desejarei porventura não mais vos desejar? Ó meu Deus e meu Criador! chegais e não aplicais a medicina; feris, e não se vê a chaga; matais, deixando com mais vida; enfim, Senhor meu, fazeis o que quereis, como poderoso. Mas um vermezinho tão desprezível, meu Deus, quereis que sofra estas contradições? Seja assim, meu Deus, pois o quereis Vós, que eu outra coisa não quero senão querer-vos.

Mas ai! ai! Criador meu! que a grande dor me obriga a queixar-me e a dizer o que não tem remédio até que lho queirais dar! Tão encarcerada como está, anseia a alma por sua liberdade, mas sempre desejando não se apartar nem um ponto do que Vós quereis. Ordenai, glória minha, que minha pena cresça, ou a remediai de uma vez. Ó morte, morte! não sei quem te pode temer, pois está em ti a vida! Mas quem não temerá, havendo gastado parte dos seus dias em não amar a seu Deus? E, pois, sou esta, que peço e que desejo? Porventura o castigo tão bem-merecido de minhas culpas? Não o permitais Vós, bem meu! que muito vos custou o meu resgate.

Ó minha alma! deixa que se cumpra a vontade de teu Deus: assim te convém. Serve-o e espera em sua misericórdia, que remediará tuas penas, quando a penitência de teus pecados tenha ganho algum perdão para eles; não queiras gozar sem padecer. Ó verdadeiro Senhor e Rei meu! nem para isso valho, se não me favorecer vossa soberana mão e grandeza, pois com vosso amparo tudo poderei.

VII

[Louvor e gratidão pela misericórdia divina]

Ó Esperança minha e Pai meu, e meu Criador e meu verdadeiro Senhor e Irmão! "Quando considero como dizeis que vossas delícias são estar com os filhos dos homens" (Pr 8,31), muito se alegra minha alma. Ó Senhor do céu e da terra! E que palavras estas, para que já não desconfie nenhum pecador! Falta-vos, Senhor, porventura, com quem vos deleiteis, que assim buscais um vermezinho tão infecto como eu? "Aquela voz que se ouviu por ocasião do batismo, disse que pondes em vosso Filho todas as vossas complacências" (Mt 3,17). Pois, Senhor, havemos de ser todos iguais? Oh! que grandíssima misericórdia e que favor tão acima do que podemos merecer! E será possível que nós, mortais, olvidemos tudo isso! Recordai-vos, Deus meu, de tanta miséria, e olhai a nossa fraqueza, pois de tudo sois sabedor!

Ó minha alma! considera o grande deleite e grande amor que tem o Pai em conhecer a seu Filho, e o Filho em conhecer a seu Pai; e a inflamação com que o Espírito Santo se junta com Eles; e como nenhuma das três Pessoas se pode apartar desse amor e conhecimento, porque são um mesmo Deus. Estas soberanas Pessoas se conhecem, estas Pessoas se amam, e umas com as outras se deleitam. Pois assim é, que necessidade há de meu amor? Para que o quereis, Deus meu, ou que ganhais em possuí-lo? Oh! bendito sejais Vós! oh! bendito sejais Vós, Deus meu, para sempre! Louvem-vos todas as criaturas, Senhor, sem fim, pois não pode haver termo em Vós.

Alegra-te, minha alma, pois há quem ame a teu Deus como Ele merece. Alegra-te, que há quem conheça sua bondade e excelência. Dá-lhe graças, porque nos deu na terra quem assim o conhece, como seu Filho que é. Debaixo deste amparo poderás chegar-te e suplicar-lhe que, pois, sua Majestade se deleita contigo, todas as coisas da terra não sejam bastantes para te apartar de te deleitares e alegrares na grandeza de teu Deus, à vista de como merece ser amado e louvado. E roga-lhe que te ajude, e que sirvas de algum modo para ser bendito seu nome, a fim de poderes dizer com verdade: "Engrandece e louva minha alma ao Senhor" (Lc 1,46).

VIII

[Súplica por luz e misericórdia divina]

Ó Senhor, Deus meu, e como tendes palavras de vida eterna! Nelas todos os mortais acharão o que desejam, se o quiserem buscar. Mas será de admirar, Deus meu, que olvidemos vossas palavras, sujeitos como estamos à loucura e à enfermidade causadas por nossas más obras? Ó Deus meu, Deus, Deus, autor de tudo o que existe! "E que seria toda a criação, se Vós, Senhor, quisésseis criar mais! Sois todo-poderoso; incompreensíveis são vossas obras" (Jó 9,10). Havei por bem, Senhor, que não se apartem de meu pensamento vossas palavras.

Dizeis Vós: "Vinde a mim, todos vós que trabalhais e estais sobrecarregados, e eu vos consolarei" (Mt 11,28). Que mais queremos, Senhor? Que pedimos? Que buscamos? Por que andam perdidos os mundanos, senão por buscar descanso? Valha-me Deus! oh! valha-me Deus! Que é isso, Senhor? Oh! que lástima! Oh! grande cegueira! que busquemos felicidade onde é impossível encontrá-la! Tende piedade, ó criador meu! destas vossas criaturas. Vede que não entendemos a nós mesmos, nem sabemos o que desejamos; nem atinamos a pedir o que nos é vantajoso. Dai-nos luz, Senhor; "olhai que é maior nossa necessidade do que a do cego de nascença" (Jo 9,1). Este desejava ver a luz e não podia: agora, Senhor, não se quer ver. Oh! que mal tão incurável! Aqui, Deus meu, se há de mostrar vosso poder; aqui, vossa misericórdia.

Oh! que difícil coisa vos peço, verdadeiro Deus meu: que queirais a quem não vos quer, abrais a porta a quem não vos chama, deis saúde a quem gosta de estar enfermo e anda procurando enfermidade! "Vós dizeis, Senhor meu, que vindes buscar os pecadores" (Mt 9,13): são estes, Senhor, os pecadores verdadeiros. Não ponhais os olhos em nossa cegueira, meu Deus, senão no muito sangue que por nós derramou vosso Filho. Resplandeça vossa misericórdia em maldade tão extrema; considerai, Senhor, que somos obras de vossas mãos. Valha-nos vossa bondade e misericórdia!

IX

[Súplica pela água-viva e pela misericórdia divina]

Ó piedoso e amoroso Senhor de minha alma! também dizeis Vós: "Vinde a mim, todos nós que tendes sede, e eu vos darei de beber" (Jo 7,37). Mas como pode deixar de ter grande sede quem está ardendo em vivas chamas, por entre as cobiças destes miseráveis bens da terra? Grandíssima necessidade tem de água, para não acabar de perecer à mingua. Bem sei que por vossa bondade, Senhor meu, sempre dareis de beber: Vós mesmo o dissestes, e não podem faltar vossas palavras. Mas se, de tão acostumados a viver nesse fogo onde se criaram, já o não sentem, e de tão desatinados não acertam a ver sua grande necessidade, que remédio haverá, Deus meu? Vós viestes ao mundo para remediar tão imensas misérias como estas. Começai, Senhor; nas obras mais dificultosas se há de ostentar vossa piedade. Olhai, Deus meu, que vão ganhando muito terreno vossos inimigos. Tende piedade dos que não a têm de si mesmos: já que por sua desventura se puseram em tal estado que a Vós não querem vir; ide Vós a eles, Deus meu. Isto vos peço em seu nome, e sei que, se voltarem a si, e entenderem o que lhes cumpre, e começarem a gostar de Vós, ressuscitarão estes mortos.

Ó Vida que a todos vivificais! Não me negueis a mim essa água dulcíssima que prometeis aos que a desejam. Eu a quero, Senhor, e vo-la peço, e venho a Vós. Não vos escondais, Senhor, de mim, pois sabeis minha necessidade e vedes que só essa água é verdadeira medicina da alma chagada por Vós. Ó Senhor, quanta diversidade de fogos há nesta vida! Oh! com quanta razão se há de viver com temor! Uns consomem a alma, outros a purificam, a fim de que viva para sempre gozando de Vós. Ó fontes vivas das chagas de meu Deus! Como estareis sempre manando, com grande abundância, para nossa fartura! E quão seguramente caminhará por entre os perigos desta miserável vida, quem procurar sustentar-se deste divino licor!

X

[O chamado ao arrependimento e a defesa do Rei divino]

Ó Deus de minha alma! quanta pressa nos damos em ofender-vos! e Vós como a tendes ainda maior para perdoar-nos! Que motivo haverá, Senhor, para este nosso desatinado atrevimento? Será o havermos já entendido vossa grande misericórdia, e esquecermos a equidade de vossa justiça? "Cercaram-me as dores da morte" (Sl 114,3). Oh! oh! oh! quão grave coisa é o pecado, pois bastou para dar a morte a Deus, entre tantas dores! E quão cercado estais delas, meu Deus! Aonde podeis ir que não vos atormentem? De todas as partes vos cobrem de feridas os homens.

Ó cristãos! Tempo é de defender a vosso Rei e de acompanhá-lo em tão grande desamparo; que pouquíssimos vassalos lhe restaram, e grande é a multidão dos sequazes de Lúcifer. E o pior é que em público se mostram amigos do Senhor, e em segredo o vendem: quase não acha Ele de quem se fiar. Ó Amigo verdadeiro, quão mal vos paga quem vos é traidor! Ó verdadeiros cristãos! ajudai a chorar a vosso Deus! "Não só por Lázaro correram aquelas piedosas lágrimas, senão pelos que não haveriam de querer ressuscitar" (Jo 11,42) ainda que Sua Majestade os chamasse em altas vozes. Ó bem meu, como tínheis presentes as culpas que eu contra Vós cometi! Acabai já com elas, Senhor; acabai com elas e com as de todos os homens! Ressuscitai estes mortos; sejam vossos brados, Senhor, tão possantes, que lhes deis essa mesma vida que não vos pedem, para que depois, Deus meu, saiam do abismo de seus deleites.

Não vos pediu Lázaro que o ressuscitásseis. Por uma mulher pecadora vos dignastes fazê-lo. Eis aqui outra, Deus meu, e muito maior; fazei resplandecer vossa misericórdia. Eu, embora miserável, vo-la peço, pelos que não vo-la querem pedir. Já sabeis, Rei meu, quanto me atormenta o vê-los tão olvidados dos grandes suplícios que hão de padecer eternamente, se não tornarem a Vós. Ó homens acostumados a deleites e contentamentos e regalos, vós que sempre fazeis vossa vontade, tende piedade de vós mesmos! Lembrai-vos de que haveis de estar sujeitos sempre, sempre, sem fim, às fúrias infernais. Olhai, olhai, como vos solicita agora o juiz que vos há de condenar, e refleti bem: que não tendes segura nem por um momento a vida. Por que não haveis de querer viver para sempre? Ó dureza dos corações humanos! Abrande-os vossa imensa piedade, meu Deus.

XI

[Reflexões sobre a perdição da alma e o clamor por misericórdia]

Oh! valha-me Deus! Oh! valha-me Deus! Que grande tormento é para mim quando considero o que sentirá uma alma tida sempre neste mundo em grande conta, e querida, e servida, e estimada, e regalada, quando, em acabando de morrer, se vir perdida para sempre e entender claramente que sua pena não há de ter fim. Ali não lhe valerá o não querer pensar nas coisas da fé, como fez na terra. Ver-se-á apartada do que lhe parecerá, e com razão, nem ter ainda começado a gozar, pois tudo quanto tem fim com a vida é como um sopro. Será rodeada daquela companhia medonha e sem piedade com a qual sempre há de padecer; metida naquele lago hediondo a fervilhar de serpentes que lhe darão, à porfia, cada qual, maior tortura; naquela miserável obscuridade, onde só verão o que lhes servirá de tormento e pena, sem jamais enxergarem luz, imersos numa chama tenebrosa! Oh! como ainda encareço pouco, para o que é na realidade!

Ó Senhor! quem pôs tanto lodo nos olhos a esta alma, que nada enxergou até que se viu em tal lugar? Ó Senhor! quem lhe tapou os ouvidos para não ouvir quando tantas vezes lhe falavam nisso e na eternidade dos suplícios infernais? Ó vida que não se acabará! Ó tormentos sem fim! Ó tormentos sem fim! Como não vos temem os que receiam dormir em uma cama dura, para não quebrantarem o corpo?

Ó Senhor, Deus meu! Choro o tempo em que o não entendi; e, pois, sabeis, meu Deus, quanta é minha dor ao ver os muitíssimos que não querem entender, agora vos peço: ao menos um, Senhor, ao menos um alcance luz de Vós, e venha a ser capaz de esclarecer a muitos. Não por mim, Senhor, que não sou digna de ser atendida, mas pelos méritos de vosso Filho. Olhai suas chagas, Senhor, e, pois, Ele perdoou aos que assim o chagaram, perdoai-nos Vós também.

XII

[A loucura humana e a guerra contra Deus]

Ó meu Deus e minha verdadeira fortaleza! Que é isso, Senhor? Para tudo somos cobardes, a não ser quando se trata de nos levantarmos contra Vós? Aqui se empregam todas as energias dos filhos de Adão. E se não estivessem com a razão tão cega, não bastariam todas as forças humanas para se atreverem a tomar armas contra seu criador e sustentar guerra contínua com quem, num momento, os pode despenhar nos abismos. Mas estão cegos, e, semelhantes a loucos, buscam a morte, imaginando por meio dela ganhar a vida: enfim, são como gente sem juízo. Que podemos fazer, Deus meu, a esses enfermos e loucos? Dizem que a mesma loucura faz ter grandes forças; assim acontece aos que se apartam de meu Deus: gente enferma, toda a sua fúria dirige contra Vós, seu benfeitor.

Ó Sabedoria que não se pode compreender! Como foi necessário todo o amor que tendes a vossas criaturas, para poderdes sofrer tanto desatino e aguardar até que venhamos a cobrar saúde, com os mil gêneros de meios e remédios que nos proporcionais! Coisa é que me espanta, quando considero como falta coragem aos homens para se irem à mão em casos muito leves, persuadindo-se a si mesmos que verdadeiramente não podem, embora queiram, deixar uma ocasião e apartar-se de um perigo em que perdem a alma; e têm esforço e ânimo para acometer uma tão grande Majestade como sois Vós! Que é isso, bem meu? Que isso? Quem lhes dá essas forças? Porventura não é vosso servo, detido em eterno fogo, o capitão a quem seguem nessa batalha contra Vós? Pois, como se levanta contra seu Senhor? Como pode dar ânimo, aquele que foi vencido? Como tem séquito o que é tão pobre que foi deserdado das riquezas celestiais? Que pode dar quem nada possui para si mesmo, a não ser muita desventura? Que é isso, meu Deus? Que é isso, meu criador? De onde vêm tantas forças contra Vós, e tanta cobardia contra o demônio? Ainda mesmo dado o caso que Vós, Príncipe meu, não favorecêsseis aos vossos, e que devêssemos algum benefício a esse príncipe das trevas, seria errado caminho; pois o galardão que nos tendes guardado durará para sempre, e todos os gozos e promessas do inimigo são falsos e traidores. Como nos há de guardar fidelidade quem foi infiel contra Vós?

Ó cegueira grande, Deus meu! Oh! que grande ingratidão, Rei meu! Oh! que incurável loucura! Servimos ao demônio com aquilo que nos dais Vós, Deus meu! É amando a quem assim vos aborrece e há de aborrecer para sempre, que pagamos o grande amor que nos tendes? Por nós derramastes vosso sangue, sofrestes açoites e incomparáveis dores, passastes grandes tormentos; e perdoastes e não quisestes tomar desforra. E nós, em vez de vingarmos a honra de vosso Eterno Padre por tão grande desacato de que se usou para com seu Filho, tomamos por companheiros e por amigos aos que assim o trataram! Pois seguimos a seu infernal capitão, claro está que havemos de ser todos iguais a ele e viver para sempre em sua companhia, se vossa piedade não nos remediar, fazendo-nos tornar ao nosso juízo inteiro e perdoando-nos o passado.

Ó mortais, tornai, tornai a vós! Ponde os olhos em vosso rei, – que agora o achareis manso. Acabe-se já tanta maldade; voltem-se vossas fúrias e violências contra quem vos faz guerra e vos quer arrebatar vosso morgado. Tornai, tornai a vós, abri os olhos, pedi com grandes clamores e lágrimas luz a quem a deu ao mundo. Compreendei, por amor de Deus, que pretendeis matar com todas as vossas forças a quem deu sua própria vida para salvar a vossa. Vede que é Ele vosso defensor contra vossos inimigos. E, se tudo isso não basta, ao menos conhecei que nada podeis contra sua onipotência, e que, tarde ou cedo, haveis de pagar com fogo eterno tão grande desacato e atrevimento. Acaso assim fazeis por verdes a esse Deus de majestade preso e atado pelo amor que nos tem? Que outra coisa fizeram seus algozes senão, depois de atado, descarregar sobre Ele golpes e feridas até dar-lhe a morte?

Ó meu Deus, como padeceis por quem tão pouco se compadece de vossas penas! Tempo virá, Senhor, em que se há de entender a vossa justiça, e se é, ou não, igual à vossa misericórdia. Olhai, cristãos, considerai bem: jamais podereis acabar de entender o quanto devemos a nosso Deus e Senhor, e as magnificências de sua misericórdia. Mas, se na mesma medida é a sua justiça, ai dor! ai dor! Que será dos que houverem merecido que essa mesma justiça neles se execute e resplandeça?

XIII

[A felicidade dos bem-aventurados e o convite à reflexão]

Ó almas que já sem temor gozais de vossas eternas delícias e estais sempre embebidas nos louvores de meu Deus! Venturosa foi vossa sorte. Que grande razão tendes de vos ocupardes sempre em louvá-lo! e que inveja de vós tem minha alma! Estais já livres da dor que causam as ofensas tão grandes que nestes desaventurados tempos se fazem a meu Deus, e de tanto desagradecimento e tanta obstinação desse grande número de presas arrebatadas por satanás. Ó bem-aventuradas, celestes almas! Ajudai a nossa miséria e servi-nos de intercessoras ante a divina misericórdia, para que nos dê a prelibar algum tanto de vosso gozo e reparta conosco desse claro conhecimento que tendes.

Dai-nos, Deus meu, a entender o galardão dos que pelejam varonilmente durante o sonho desta miserável vida. Alcançai-nos, ó almas amantes, a compreensão do gozo que vos dá o verdes a eternidade de vossos deleites. Que felicidade tão deliciosa a vossa, pela certeza de que nunca terão fim! Oh! tristes de nós, Senhor meu, que bem o sabemos e acreditamos, mas pelo costume tão arraigado de não considerar estas verdades, já se tornaram tão estranhas às nossas almas, que nem as conhecemos nem as queremos conhecer. Oh! gente apegada a seus interesses, faminta de seus gostos e deleites! Para não esperar um breve tempo, depois do qual o poderão gozar em tanta abundância, para não esperar um ano, para não esperar um dia, para não esperar uma hora – e talvez não seja mais do que um momento, – perdem tudo, a troco daquela miséria que vêm presente!

Oh! oh! oh! quão pouco nos fiamos de Vós, Senhor! E Vós quantos maiores tesouros e riquezas de nós fiastes, pois, tantos anos antes de nosso nascimento, nos destes vosso Filho, com os 33 anos que passou em tão grandes trabalhos, e depois sua morte tão intolerável e lastimosa! E, ainda sabendo que não vo-lo havíamos de agradecer, quisestes confiar-nos tão inestimável tesouro, para que de vossa parte não nos faltasse aquele pelo qual vos podemos ser aceitos, se com Ele trabalharmos, Pai piedosíssimo.

Ó almas bem-aventuradas, que tão sabiamente vos soubestes aproveitar dele, e, com este valioso preço, comprar herança tão deleitosa e duradoura! Dizei- nos, como fizestes para granjear com Ele essa felicidade tão sem fim! Ajudai-nos, pois estais tão perto da fonte; colhei água para nós que na terra perecemos de sede.

XIV

[O conhecimento de Deus e o chamado ao arrependimento]

Ó Senhor e verdadeiro Deus meu! Quem não vos conhece não vos ama. Ó grande verdade esta! Mas ai! tenho dó, tenho dó, Senhor, dos que não vos querem conhecer! Temeroso transe é a hora da morte. Mas ai! ai! criador meu, quão espantoso será o dia em que se há de executar vossa justiça! Considero eu muitas vezes, Cristo meu, quão cheios de graça e de delícias se mostram vossos olhos a quem vos ama, e a quem Vós, bem meu, quereis fitar com amor. "Parece-me que só um desses olhares tão suaves às almas que tendes por vossas, basta por prêmio de muitos anos de serviço. Oh! valha-me Deus, quão mal se pode dar isso a entender, a não ser a quem já provou quão suave é o Senhor!" (Sl 33).

Ó cristãos, cristãos! Vede a irmandade que tendes com este grande Deus; conhecei-o e não o desprezeis; pois assim como é benigno este olhar para seus amigos, é terrível, cheio de espantoso rigor, para seus perseguidores. Oh! como não entendemos que é o pecado uma guerra campal de todos os nossos sentidos e potências da alma contra Deus! Quem mais pode, mais traições inventa contra seu Rei. Já sabeis, Senhor meu, que muitas vezes me fazia a mim mais temor a perspectiva de ver vosso divino rosto irado contra mim nesse temeroso dia do juízo final, que todas as penas e fúrias do inferno que se me representavam; e então vos suplicava que me valesse vossa misericórdia em perigo tão angustioso para mim; e o mesmo agora vos suplico, Senhor. Que sofrimento me pode vir na terra que se compare a este? Todas as dores juntas quero, meu Deus, contanto que me livreis de tão grande aflição. Não deixe eu, meu Deus, não deixe de gozar em paz de tanta formosura; vosso Pai vos deu a nós: não perca eu, Senhor da minha alma, joia tão preciosa. Confesso, Eterno Padre, que a tenho guardado mal; porém ainda há remédio, Senhor, ainda há remédio enquanto vivemos neste desterro.

Ó irmãos, ó irmãos e filhos deste Deus! esforcemo-nos, esforcemo-nos, pois sabeis como diz Sua Majestade: que, em nos pesando de o havermos ofendido, não se recordará de nossas culpas e maldades. Oh! que piedade tão sem medida! Que mais queremos? Acaso haveria alguém que não tivesse vergonha de pedir tanto? Agora é tempo de aceitarmos o que nos dá este Senhor piedoso e nosso Deus. Se quer fazer pazes e amizade conosco, quem lho negará, pois não recusou derramar todo o seu sangue e perder a vida por nós? Olhai: o que pede é nada; e para nosso mesmo proveito nos convém fazê-lo.

Oh! valha-me Deus! Oh! que dureza! Oh! que desatino e cegueira! Se perdemos um objeto – por exemplo, uma agulha, ou um falcão[26], que apenas

---

26. O original diz *gavilán* (gavião); mas parece tratar-se antes do falcão, empregado antigamente na caça como uma espécie de cão de fila dos ares.

serve para dar um gostinho à vista quando voa pelo ar, – afligimo-nos; e como não temos dor de perder essa águia real da Majestade de Deus e um reino cujo gozo não há de ter fim? Que é isso? Que é isso? Eu não o entendo. Remediai, Deus meu, tão grande desatino e cegueira.

XV

[O desterro da alma e o anseio pela presença divina]

Ai de mim, ai de mim, Senhor, que muito se prolonga este desterro, e é duro de passar, pelas grandes penalidades do desejo de meu Deus! Senhor, que fará uma alma metida neste cárcere? Ó Jesus, quão larga é a vida do homem, conquanto digam que é breve. Breve é, meu Deus, para ganhar por meio dela a vida que não pode ter fim; porém mui larga para a alma que anseia por se ver na presença de seu Deus. Que remédio haverá a este penar? Nenhum, a não ser a lembrança de que por Vós o padecemos.

Ó suave descanso dos amadores de meu Deus! Não falteis a quem vos ama, pois por Vós há de crescer e mitigar-se o tormento causado pelo amor à alma que o deseja. Quero, Senhor, contentar-vos; mas bem sei, não está em nenhum dos mortais meu contentamento. Sendo isso assim, não culpareis meu desejo. Eis-me aqui, Senhor; se é necessário viver para prestar-vos algum serviço, não recuso quantos trabalhos me possam vir na terra, como dizia vosso amante São Martinho.

Mas ai que pena! ai que pena tenho de mim, Senhor meu! Ele tinha obras, e eu só tenho palavras; que não presto para mais. Valham meus desejos, Deus meu, perante vosso divino acatamento, e não olheis meus poucos méritos. Fazei-nos a todos dignos de vos amar, Senhor; já que é forçoso viver, vivamos para Vós, e acabem-se já nossos desejos e interesses. Que maior ganho pode haver que vos contentar a Vós? Ó alegria minha e Deus meu! Que farei eu para contentar-vos? Miseráveis são meus serviços, ainda mesmo que eu houvesse prestado muitos ao meu Deus. Pois assim é, para que hei de estar nesta mísera miséria? Para que se cumpra a vontade do Senhor. E que maior ganho, ó minha alma? Espera, espera, que não sabes quando virá o dia nem a hora. Vela com cuidado, que tudo passa rapidamente, – embora teu desejo faça duvidoso o que é certo, e largo o tempo tão breve. Olha que quanto mais pelejares, melhor mostrarás o amor que tens a teu Deus, e mais te gozarás com teu amado no gozo e deleite que não pode ter fim.

XVI

[O amor divino e a batalha espiritual]

Ó verdadeiro Deus e Senhor meu! Grande consolo é para a alma aflita pelas saudades de viver ausente de Vós, o ver que estais em toda parte. Mas quando crescem a violência do amor e os grandes ímpetos deste penar, que aproveita esta lembrança, Deus meu, se o entendimento se perturba e a razão se obscurece, a ponto de se tornar incapaz para conhecer esta verdade? Já não pode entender nem conhecer a si mesma: só vê que está apartada de Vós, e nenhum alívio aceita, porque o coração que muito ama não admite conselho nem consolo senão do mesmo que o chagou; porque só dele espera remédio para sua pena. Quando Vós quereis, Senhor, num instante sarais a ferida que fizestes; até então não há saúde nem gozo possível, a não ser a alegria que se tira de ver sofrimento tão bem empregado.

Ó verdadeiro amigo! Com quanta piedade, com quanta doçura, com quanto deleite, com quanto regalo e com que grandíssimas mostras de amor curais as chagas que com as setas do mesmo amor fizestes! Ó Deus meu, e descanso único de todas as penas! quão desatinada estou! Como poderia haver meios humanos para curar as almas que o fogo divino pôs enfermas? Quem há de saber até onde chega esta ferida, nem de que procedeu, nem como se pode aplacar tão aflitivo e deleitoso tormento! Fora de razão seria tão precioso mal poder mitigar-se por meios tão baixos como os que os mortais costumam dar. Com quanta razão diz a Esposa nos "Cantares": "Meu Amado é para mim, e eu para meu Amado, e meu Amado para mim" (Ct 2,16); porque semelhante amor não pode ter origem em coisa tão baixa como sou eu.

Mas se é baixo o amor que vos tenho, Esposo meu, como não se detém em objeto criado, até atingir a seu criador? Ó meu Deus! como sou eu para meu amado? Vós, verdadeiro amador meu, começais esta guerra de amor, – que não parece outra coisa esse desassossego e desamparo de todas as potências e sentidos, que saem pelas praças e arrabaldes conjurando as filhas de Jerusalém que lhe digam onde está o seu Deus (cf. Ct 3,2). Mas, Senhor, começada esta batalha, a quem hão de ir combater as potências, senão a quem se fez Senhor desta fortaleza onde moravam, que é a parte superior da alma, e as lançou fora – a elas – para que tornem a conquistar a seu conquistador? Já cansadas de se verem sem Ele, depressa se rendem e, perdendo todas as suas forças, melhor se empregam e pelejam, pois, em se dando por vencidas, vencem a seu vencedor.

Ó minha alma! Que batalha tão admirável travaste nesse penar, e como ao pé da letra é assim o que digo! Pois, se *meu Amado é para mim, e eu para meu Amado,* quem ousará meter-se a separar e extinguir dois fogos tão acesos? Será trabalhar debalde, porque já se tornaram um.

XVII

[A submissão à vontade divina e o anseio pela eternidade]

Ó Deus meu e minha sabedoria infinita, sem medida e sem limites e superior a todos os entendimentos angélicos e humanos! Ó Amor, que mais me amas do que eu me posso amar, e até mesmo compreender! Para que hei de querer, Senhor, desejar mais do que me quereis dar? Para que me hei de cansar em pedir-vos coisas inventadas por meu desejo, pois tudo quanto meu entendimento pode forjar, ou meu desejo cobiçar, já o entendestes com todas as suas consequências, e eu não entendo o que há de ser para meu bem? No mesmo em que minha alma julga sair com lucro, está porventura a minha perda. Com efeito, se vos peço que me livreis de um trabalho, e nele tendes por fim o conceder-me a mortificação: – Que é o que vos peço, Deus meu? Se vos rogo que mo envieis, não convirá talvez à minha paciência, ainda fraca e incapaz de sofrer tão grande golpe; e se dele saio vitoriosa, porém não estou forte na humildade, poderei imaginar ter feito alguma coisa, quando tudo o fazeis Vós, meu Deus. Se desejo mais padecer, quereria fosse de modo a não perder o crédito, pois, embora não tenha apego à minha própria honra, assim me parece conveniente para vosso serviço; e poderá ser que, pela mesma causa por onde imagino perder, se venha a ganhar mais para a minha única pretensão que é servir-vos.

Muitas outras coisas pudera eu dizer neste ponto, para provar como não me entendo a mim mesma, Senhor; mas – pois sei que as entendeis – para que falo? É para quando sentir desperta a minha miséria, Deus meu, e cego o meu juízo, poder tornar a achar a reta razão nisto que escrevo de meu punho. Sim, porque muitas vezes me vejo, meu Deus, tão miserável e fraca e pusilânime, que me ponho a procurar que fim levou esta vossa serva, que já parecia ter recebido de Vós mercês bastantes para pelejar contra as tempestades deste mundo? Não, meu Deus, não; não mais confiança em coisa que eu para mim possa almejar. A Vós compete querer de mim o que vos a prouver querer, que só isso quero, pois está todo o meu bem em contentar-vos. E se Vós, Deus meu, quisésseis, para contentar-me a mim, fazer tudo o que peço e desejo, reconheço que estaria perdida.

"Quão miserável é a sabedoria dos mortais, e incerta a sua providência!" (Sb 9,14). Determinai Vós, com a vossa Providência divina, os meios necessários para que minha alma vos sirva, mais ao vosso gosto do que ao meu. Não me castigueis dando-me o que eu desejo e quero, se assim não o desejar vosso amor, que em mim viva sempre! Morra já este eu, e viva em mim aquele que é mais do que eu, e melhor para mim do que eu mesma; a fim de que o possa eu servir. Viva Ele e me dê vida; reine Ele, e seja eu sua cativa; que não quer minha alma outra liberdade. Como será livre quem do Sumo Bem estiver apartado? Que maior e mais miserável cativeiro que estar a alma largada da mão do seu criador? Ditosos aqueles que com os fortes grilhões e cadeias dos benefícios da misericórdia de Deus se virem presos e incapazes de se poderem soltar! "Forte é como a morte o amor, e duro como o inferno" (Ct 8,6). Oh! quem já se visse morto às suas mãos, e arrojado nesse divino inferno de onde já não tivesse esperança de poder sair, ou por melhor dizer, temor de ser lançado fora! Mas ai de mim, Senhor, que, enquanto dura esta vida mortal, sempre corre perigo a eterna!

Ó vida inimiga de meu bem, quem tivera licença para dar-te fim! Sofro-te porque Deus te sofre; conservo-te porque és dele; não me sejas traidora nem desagradecida. Com tudo isso, ai de mim,

Senhor, que se prolonga meu desterro! Breve é todo tempo para o dar em troca de vossa eternidade; muito longo é um só dia, e até uma hora, para quem não sabe se vos há de ofender, e teme fazê-lo! Ó livre-alvedrio, tão escravo de tua liberdade quando não vives cravado com o temor e amor de quem te criou! Oh! quando virá aquele ditoso dia em que te hás de ver submergido naquele mar infinito de suma verdade, onde já não serás livre para pecar, nem o quererás ser, porque estarás seguro de toda miséria e conaturalizado com a vida de teu Deus!

Ele é bem-aventurado, porque se conhece e ama e goza de si mesmo, sem lhe ser possível outra coisa; não tem, nem pode ter, nem fora perfeição em Deus poder ter liberdade para olvidar-se de si e deixar-se de amar. Então, minha alma, entrarás em teu descanso, quando te entranhares nesse Sumo Bem, e entenderes o que Ele entende, e amares o que Ele ama, e gozares o que Ele goza. Então te verás livre da inconstância de tua vontade; já não haverá mais vicissitudes; porque a poderosa graça de Deus te fará participante de sua divina natureza, com tanta perfeição, que já não possas, nem desejes poder olvidar o Sumo Bem, nem deixar de gozar dele e de seu amor.

"Bem-aventurados os que estão escritos no livro desta vida!" (Ap 3,5; 20,12). "Mas tu minha alma, se o estás, por que andas tristes e me conturbas?" (Sl 41,12). Espera em Deus, que ainda agora a Ele confessarei meus pecados e suas misericórdias e de tudo junto farei um cântico de louvor com suspiros perpétuos ao meu Salvador e meu Deus. "Poderá ser, venha algum dia em que lhe cante a minha glória" (Sl 39,13), e não seja compungida minha consciência, porque terão cessado todos os suspiros e temores; mas, entretanto, "no silêncio e na esperança estará a minha fortaleza" (Is 30,15). Mais quero viver e morrer pretendendo e esperando a vida eterna, do que possuir todas as criaturas e todos os seus bens, que hão de ter fim. "Não me desampares, Senhor, porque em ti espero, não seja confundida a minha esperança" (Sl 30,1); sirva-te eu sempre, e faze de mim o que quiseres.

Conecte-se conosco:

facebook.com/editoravozes

@editoravozes

@editora_vozes

youtube.com/editoravozes

+55 24 2233-9033

www.vozes.com.br

Conheça nossas lojas:

www.livrariavozes.com.br

Belo Horizonte – Brasília – Campinas – Cuiabá – Curitiba
Fortaleza – Juiz de Fora – Petrópolis – Recife – São Paulo

EDITORA VOZES LTDA.
Rua Frei Luís, 100 – Centro – Cep 25689-900 – Petrópolis, RJ
Tel.: (24) 2233-9000 – E-mail: vendas@vozes.com.br